# 黑暗时代

## 帝国的崩溃与欧洲的新生

[英]马丁·J.多尔蒂◎著    王琳  杜永明◎译

# THE
# 'DARK' AGES

## FROM THE SACK OF ROME
## TO HASTINGS

### MARTIN J. DOUGHERTY

浙江人民出版社

图书在版编目（CIP）数据

黑暗时代：帝国的崩溃与欧洲的新生 /（英）马丁·
J. 多尔蒂著；王琳，杜永明译 . —杭州 ：浙江人民出版
社，2021.8

ISBN 978-7-213-10181-6

Ⅰ. ①黑… Ⅱ. ①马… ②王… ③杜… Ⅲ. ①欧洲 –
历史 – 古代 Ⅳ. ① K500

中国版本图书馆 CIP 数据核字（2021）第 111200 号

浙 江 省 版 权 局
著 作 权 合 同 登 记 章
图字：11-2019-263 号

**黑暗时代：** 帝国的崩溃与欧洲的新生

[英]马丁·J. 多尔蒂 著 王 琳 杜永明 译

出版发行：浙江人民出版社（杭州市体育场路347号 邮编 310006）
市场部电话：(0571)85061682 85176516
责任编辑：王月梅 方 程
营销编辑：陈雯怡 陈芊如 赵 娜
责任校对：陈 春
责任印务：刘彭年
封面设计：创研设
电脑制版：北京创智明辉文化发展有限公司
印 刷：杭州丰源印刷有限公司
开 本：710 毫米 × 1000 毫米 1/16 印 张：16.5
字 数：210 千字 插 页：4
版 次：2021 年 8 月第 1 版 印 次：2021 年 8 月第 1 次印刷
书 号：ISBN 978-7-213-10181-6
定 价：118.00 元

如发现印装质量问题，影响阅读，请与市场部联系调换。

## 译者的话

欧洲的中世纪曾被大多数人视为暴力、残忍、倒退的"黑暗的中世纪",文明的光芒似乎消失得无影无踪。这样就难以解释文艺复兴的兴起,毕竟若无地基,万丈高楼因何而立?而且,"黑暗的中世纪"也是对历史的狭隘解读,因为历史是多元的、连续的。

本书的独特之处在于通过客观的历史事实,用简明扼要的语言,尽可能地拨开迷雾,还中世纪以本来面貌。同时,辅以大量插图,给人以更加真实和清晰的感性认知。这些插图有些是臆想的作品,作者还对其进行了辨伪。无论图与文,都激浊扬清。于是,我们在阅读的时候,总感觉有一股清泉汩汩而出,温润了视线和心田。

中世纪早期被称为"黑暗时代",是从罗马帝国崩溃到一个新的封建欧洲出现之间的过渡时期。

在黑暗时代,欧洲人发现了冰岛、格陵兰岛,并横跨大西洋,踏上了一个遥远的大洲,尽管时间短暂……

黑暗时代结束时,欧洲已经从部落社会过渡到封建社会,法国、丹麦、瑞典和英国等现代国家得以肇始……

这是一个尝试和发现的时代,而不是一个毁灭的时代。它开始于混乱,但结束于新的秩序……

余秋雨先生在《中国文脉》中写道："专制的有序会酿造黑暗，混乱的无序也会酿造黑暗。"如果说，中世纪的黑暗是混乱酿造出来的，那么它同时也酿造了文明之光。只不过，人们专注于黑暗太多，往往忽略了这抹从微弱逐渐变得明亮的光芒。

对于中国读者来说，很多古代欧洲的历史人物和地名都很陌生，有的甚至还没有约定俗成的译名。因此，在翻译过程中，以下两点需要做特别说明：

第一，一些主要的人名、地名、民族名、战役（战斗、战争）名，以及具有重要意义的物品（如盾、剑、箭等），原文大都做了索引。但是，还有不少常规的地名和人名等，原书并没有在索引中呈现，为便于读者理解，译者大都在其第一次出现时加注了外文原名。另外，对原著中一些重复的索引词进行了适当的删减，并增添了一些新词（如增加了"麦西亚""伦巴第"等），以便读者更清晰明了地辨识和使用。

第二，比较生僻或者容易混淆的词语、原著中的讹误和瑕疵、原著意思表述不完整或者需要特别予以说明的内容，中译本都做了注释。

本译作的出版，愿作引玉之"抛砖"，意在拓展人们对中世纪的新认知、真认知，增进对文明演进问题的深入思考。

杜永明

2020年4月15日

# 目　录

第6章 黑暗渐去，封建王国出现

黑暗时代：帝国的崩溃与欧洲的新生 ▶▶

QVANTA STRA
CE VIRVM SVBEI
MIS ALEXEA CESSIT
CÆSAREIS AQVI
LIS PICTA TABEL
LA NOTAT

# 引 言

　　"黑暗时代"一词含有混乱、野蛮和暴力肆虐之义，这是一个国家面临崩溃而非迈向繁荣的时代。在这个时代，生活就是为了活下去而不得不为之的悲惨挣扎。西罗马帝国衰亡后出现了黑暗时代，这种观点一直受到各种各样的质疑。然而不可思议的是，它仍广为流布。

　　欧洲的"黑暗时代"是对一个特定历史时期的模糊表述，它开始于古罗马帝国的衰亡，大致结束于中世纪诸王国出现。这个模糊的称谓中包含了很多定义更精确的时期。这其中也包含地域性的差异，比如在某一时段，一个地区可能享受着安定繁荣，而另一个地区则可能正在遭受战争侵蚀或瘟疫和饥荒的摧残。总的来说，可以认为所谓的黑暗时代，是指从西罗马帝国崩溃到诺曼底王朝在英国出现这一时期。

　　许多文明都出现过长达数个世纪的黑暗时代，希腊尤甚。希腊的黑暗时代从公元前1200年迈锡尼文明衰落开始，持续了大约400年。这个时代也是

前页图：创作于1533年的作品，表现了罗马围攻阿莱西亚的场景。作品将16世纪的服饰和装备强加给了彼时的高卢人和他们的敌人。画面中罗马人在神圣罗马帝国双头鹰的旗帜下战斗，这也许意味着神圣罗马帝国继承了罗马帝国的荣耀和地位。

跨度更大的青铜时代大崩溃的一部分。在这次大崩溃中，也有其他文明被摧毁。关于这一时期，我们所知甚少，因为它几乎没有保存下来任何记录。但很明显，这一时期的东地中海文明遭受了战争和政治动乱的蹂躏。

有迹象表明，在古希腊和地中海，一个又一个沿海城市遭到了有组织的破坏。因为人口大大减少，整片整片的土地几乎都被废弃了。崩溃是如此

右图：公元前1200年左右，迈锡尼文明衰落，这是席卷东地中海的更普遍灾难的一部分。人们对这之后的"希腊黑暗时代"知之甚少，只知道当时人口数量急剧下降，城市废弃。

彻底，以至于后人以为在这之前发生的一切只是口述历史或虚构故事中的英雄传说和神话。相比较而言，欧洲中世纪的黑暗时代反倒显得温和了。

用"黑暗时代"这个词来形容一个文化程度较低、作品留存相对较少的时代，或许是合理的。然而，这一时代未必充斥着混乱和暴力。在西罗马帝国灭亡后，欧洲文明的发展程度的确大不如前，或者至少不如从前那样辉煌。这一时期也确实存在大量的冲突和破坏，一些区域文明受到重创，甚至被连根拔起。

然而也是在这一时期，后罗马时代的国家竭尽全力建立了一种新的秩序，或者说使诸王国趋于一体化——虽然带有地方色彩。这些新兴王国是欧洲现代国家的基础。此外，探险家在遥远的海外发现新大陆并建立了殖民地，而商人则与非洲和远东建立了联系。

这一时期人们修建了伟大的工程，法律体系的主体也已出现。在657年的惠特比，建造修道院的希尔达并没有在蛮荒中挣扎度日；664年，参加惠特比宗教会议的人们也对自己的未来充满信心，他们认为自己可以计算出庆祝复活节的正确日期，还对计算方法进行了讨论。

## 前罗马时期的欧洲

罗马帝国崩溃，人们想当然地以为文明之光逐渐暗淡。在鼎盛时期，罗马帝国的疆域从地中海的一端一直延伸到另一端，甚至更远。它建立了一个统一的贸易、国防和法治体系。当然，这个体系并非尽善尽美，还是有一些缺陷的。宏大的版图和内部腐败，让帝国并不像一个偶然路过的观察者所想象的那样完美。尽管如此，罗马强大的国力依然使人们在对外开拓、学习和贸易上达到了前所未有的深度。

在罗马帝国兴起之前，欧洲被分割成无数的城邦和部落。虽然城邦和部落之间的冲突不可避免，但这都是暂时的。大多数时候，部落之间的关系都很友好，相互之间也开展了长途贸易。在那个时代，距离是一个很

**上图**：表现布料和皮革贸易的浅浮雕作品，来自德国特里尔。罗马帝国的稳定有利于商业发展，商业对于帝国的生存至关重要。

大的障碍，旅行意味着要经过许多小城邦和部落的领土，而每一个小的城邦和部落都有各自的通行准则。商路上任何一处发生冲突都会带来破坏性的后果，如果没有沿途国家的强力保护，商队就很容易受到攻击和劫掠。

前罗马世界并不存在现代意义上的民族国家概念，当时，地区差异比总体的相似性更为重要。雅典人和斯巴达人都是希腊人，但他们只忠于各自的城邦，也许还包括该城邦的盟友。非盟友城邦遭到攻击，他们可能无动于衷。如果竞争对手因此被削弱，他们甚至乐见其成。与此类似，北欧的部落群可能被贴上"高卢人"或"凯尔特人"的标签，但除了建立在部落联盟基础上的联系，各部落之间没有任何统一性可言。

正是这种地区和部落的差异以及它们的各自为政，使得罗马——最初它是一个联盟城市共和国的领导者，后来成为一个帝国——有机会征服并统治欧洲和近东。各个部落和城邦可能会联合起来对抗罗马人的入侵，但它们不能组建系统的后勤和服从统一指挥与调度的军队。最重要的是，部落和城邦的联盟通常是暂时的。对它们来说，今天的盟国很可能就是明天的敌人。一部分人认为必须抵制罗马的扩张，于是他们进行了零星的抵抗。而另一部分人，要么屈从于罗马人的经济手段，要么在无法抗拒的形势面前乖乖认命。

## 新视角下的统一罗马帝国

尽管罗马帝国存在种种缺陷和内部冲突，但是大多数时间里它都是很稳定的，而且贸易和语言的融合也促进了它的繁荣。与部落或城邦相比，罗马帝国可动用更多资源来解决问题。它不仅经受住了艰难岁月的考验，而且完成了许多伟大的工程。在

左图：我们对古代欧洲世界的了解大多来自罗马著作。得益于罗马这个强大帝国的教育体系，我们才能看到更多的宗教文献之外的后罗马时代的记录。

上图：一幅展现罗马颓废生活的作品，绘于1847年。文明的发展使得人们可以在生活中懒惰，并纵情享乐。一旦颓废压倒了活力，罗马帝国就注定走向毁灭。

更稳定的环境中，学习研究和知识共享也得到了蓬勃的发展。

鼎盛时期的罗马帝国似乎坚不可摧。退役士兵可以获得土地和酬金而不用交税（这种优厚待遇激发了他们的斗志和战斗力），使得整个欧洲不可避免地罗马化。这些富有且经验丰富的男人在家庭生活中使用其他地方的用人，他们传播了罗马的价值观，加之罗马货币的推动作用，于是一个统一的欧洲文化体初现端倪。然而，帝国衰落了，留下了权力真空。随之而来的，是被东方入侵者骚扰的游牧部落时代。因此，当历史学家不合时宜地将黑暗时代的艰难与伟大的罗马帝国的不足之处进行比较时，就很少有人会惊讶了。至少在某些人看来，当时的人确实生活在一个黑暗的时代。辉煌灿烂的罗马文明之光已经熄灭，取而代之的是摇曳不定的微弱烛光。

可是，在这个黑暗时代末期，却出现了伟大的王国。基督教传遍了整个欧洲，人们建造起大教堂。中世纪出现的那些国家，后来演变为当今欧洲各国。也许，把这段历史看作一个过渡期而非黑暗时代会更加合适。在这个时期，古代世界逐渐被清除，现代世界的面目开始显现。

# 第 1 章

# 罗马帝国的崩溃

很难说罗马帝国是何时衰落的，或者从什么时候开始，它的衰亡变得不可避免。有人认为，可能早在哈德良皇帝（117—138年在位）时期，罗马的衰亡就开始了。哈德良下令在帝国的边缘地带建起永久性的防御工事，这标志着罗马扩张时代的结束。

所有帝国的早期都是扩张阶段，接下来是一段时间的巩固期，这个时期也可能变为停滞期。危机不可避免，实际上，危机延长了帝国的寿命。因为，克服危机需要投入巨大的力量，随之喷薄而出的新思想可以重振帝国，使它焕然一新。

看似和平与繁荣的黄金时代，在某些情况下会让国家失去动力和能量，已到中年的帝国舒适地打着盹儿，而在它的边界上已经出现了更年轻且富于活力的社会。这个时期，帝国中还出现了一种不再关注外部世界的趋势，人们变得更加关注个人进步及其所需的内部动力。一场适时的危机，可能带来新一轮的扩张或重组；哪怕仅是让人们重新关注外

**前页图:** 罗马灭亡之时，常被视为西欧文明之光熄灭之日。出现这种观念，一个很重要的原因是很久之后出现的古典学者对罗马帝国理想化的想象。实际上，这一时期的真实情况要复杂得多。

上图：不列颠尼亚北部的哈德良长城充分利用了自然地形，构建了一道令人生畏的屏障。建造这道屏障，意味着承认该长城以北的土地无法被征服。

部事务，也可以让一个帝国延迟它不可避免的衰落和灭亡。而同样的危机若出现于帝国四分五裂之时，则会引发突然的灾难性崩溃。

## 一个帝国的成长

在罗马共和国早期，边界上的部落对其存续构成了严重的威胁。这种威胁从未消失，但随着时间的推移，罗马人对自己的统治地位越来越自信。到了罗马帝国时期，对抗敌人的任务依然很艰巨，但在150年，连普通罗马市民都不再担心公元前390年的历史会重演。那时，高卢人的军队大肆洗劫了罗马。

共和国初期面临的危机迫使罗马进行改革和创新。公元前390年罗马遭洗劫后，军队改进了他们的武器和战术。第一次布匿战争（公元前264—前241年）时，为了成功对抗迦太基人，罗马人建立了一支海军。高卢人入侵意大利的威胁，迫使罗马社会发生变革，由此造就了堪称经典的罗马军队。罗马人还在盖乌斯·马略（公元前157—前86年）的领导下对军队的训练和作战方法进行了革新。

上述种种危机，不仅催生了罗马帝国的政治制度和军事思想，而且缔造了成为帝国利器的陆军和

海军。有时候武力征服是必要的；而在另外一些情
况下，某种程度的和平归顺更为重要。然而，罗马的
扩张，主要是以个人的野心为养料"成长"起来的。

　　最为典型的例子便是盖乌斯·尤里乌斯·恺
撒，他策划了一场与其邻居高卢部落的战争，掀开
了征服战争的帷幕。他的初心是通过战争抬高自
己，或者从耗资甚巨的战争所引发的财政危机中抽
身。目的达到了，但他并没有就此收手，而是继续
对高卢的战争。他的许多行动是没有必要的，某些

下图：第一次布匿战争
时，罗马人若不想失
败，就必须进行创新。
他们并不是天生的水
手，但经过创新，罗马
摧毁了迦太基的海军力
量，从而扭转了战争的
局势。

情况下，出兵的理由只是为谋取私利而精心编造的借口。恺撒进行了一系列冒险活动。比如他在莱茵河上架起桥梁，短暂地突袭不列颠。最重要的是，他树立了自己杰出的军事和政治首领的形象——在罗马社会，这两种身份是交织在一起的。同时，他还得到了一支身经百战的军队的支持。当恺撒返回意大利时，他的敌人望风而逃。于是，他在内战期间控制了罗马城，最终成为罗马帝国唯一的统治者。

恺撒并不是罗马帝国的第一位皇帝，但他的所作所为使罗马从共和国转变为帝国，也为之后的罗马政治定下了基调。手握大权外加有军队支持，或者有足够力量击败对手时，就可以染指帝国皇位。发动对外战争可能是必要的，但也可能只是一种权力游戏，这种游戏真正的目的是争夺帝国的控制权。

下图：在莱茵河上架设桥梁是一种令人钦佩的行为，但并无必要。恺撒这样做，实际上是在炫耀战功，用以提升自己在罗马的地位，而不是捍卫罗马的利益。

## 越过卢比孔河

尤里乌斯·恺撒被召回罗马，但带着军队穿越卢比孔河进入意大利是被明令禁止的。恺撒认为这样做是想让他失去军队的保护，因此他宁愿犯叛国罪，也不让自己孤身踏入敌人的阵营。此时，冲突已经无法避免。如果恺撒听从命令不带军队进入罗马，他可能会被悄无声息地解决掉，历史也会发生巨大的变化。

建立罗马帝国的这种方式既有其突出的魅力，也有明显的缺陷。强大的罗马军队掌握在奋发图强、雄心勃勃的人手中，就会成为帝国发展的有效工具。但这种工具指向内部和外部同样容易。当皇帝的野心面向外部时，罗马会因此强大；而当内部冲突消耗了统治精英的注意力时，边界上的威胁可能会迅速增长。

### 太平岁月的利与弊

罗马帝国的强大使其治下能够在一段时间内保

左图：尤里乌斯·恺撒从来都不是真正的皇帝，但他的名字却成了"皇帝"的代名词。直至20世纪，俄国沙皇和德国皇帝的头衔依然来自恺撒的名字。

## 罗马军队的演化

罗马军队最初与同时代的希腊城邦军队相似。主要的突击部队由重装步兵组成，重装步兵装备长矛，近距离作战。服兵役的公民需要自备武器和盔甲。这一时期，战争主要是上层社会公民的事情。小市民则进入轻装的支援部队。

这种模式在罗马城邦时期是足够应对局面的，尽管它能派出的重装步兵并不适应意大利的山地地形。这种模式使得组织化的步兵逐渐成形，最终形成了曼努尔军团。新的军团不再像昔日固定的方阵那样战斗，而是被细分为可以独立调动的步兵中队。

一个军团大约有4200名步兵，并有骑兵和轻步兵为其提供支持，整体是一支灵活的联合武装力量，足以应对大多数威胁。在对仍采用方阵作战的希腊军队的一系列胜利中，充分体现了这种新安排的优越性。最初，每个步兵中队的第三排由最有经验的战士组成，他们还在使用长矛，而前两排则使用剑和标枪作战。最后，所有的罗马步兵都改配短剑和短矛。

步兵中队这种组织体系运行良好，但它需要比方阵或无组织的士兵更高层次的训练。

罗马的实力与日俱增，对士兵数

左图：面对蛮族敌人时，罗马的主要优势是一套复杂的战术体系。军队之间相互支持，以便于缓解前线士兵的疲惫。

上图：军团组织让复杂的战场机动成为可能，但要保证机动不陷入混乱，就需要训练有素的专业军队。

量的需求也日益增长，有时土地所有者和商人都得投身战争数年之久。由此对经济造成的破坏，削弱了国家力量，最终迫使罗马做出一系列彻底的改变。

这其中最重要的变化，是改由国家提供武器和盔甲，而不再让个人负担。同时征兵的阶层范围扩大了，以此确保服兵役一事不再主要由最富有的公民承担。这次改革还产生了一个专业的士兵阶层，他们长期作战，受过正规的训练并且拥有丰富的经验。于是，在战场上士兵们可以有效地支援友军，国家也可以远距离调动军队。军团摒弃了组织化的骑兵和轻步兵这些兵种，代之以独立编制的辅助部队。

从此，意大利本土以外出生的人也可以通过在军团服役来获得完全的罗马公民身份。男性需要服25年兵役，服役期满后，他就会获得罗马公民的身份和相应的土地、金钱。在属于勇士和公民士兵的时代，为罗马打下整个帝国的军队是一支专业的武装力量，而且有强大的后勤保障。这在其他地方是不存在的。罗马帝国击败敌人不只是依靠军团的利剑，组织、训练军队和后勤的精心筹谋同样功不可没。

持相对的和平与稳定。通常认为，这段和平时期从公元27年持续到180年。当然，并不是到处都和平而安宁。但一个有效的统治体系和快速向一个地区调动军队的能力，确保了即使发生叛乱，帝国也可以在很短的时间内将其平息，面对外部入侵亦能迅速组织有效抗击。

罗马帝国在117年达到鼎盛。这一时期的军事体系是典型的罗马模式，即重型步兵组成军团，军团的辅助兵团则为轻步兵、骑兵和弓箭手等特殊兵种。一个行省的军团要在另一个行省服役，这降低了军队同情当地叛乱的可能性。退役士兵在他们曾经服役的土地上定居，成为地主和商人，他们推动了当地的罗马化。在将来某一天，这也许会衍生出统一的欧洲文化。

危机和冲突威胁着这一时期的罗马，一如早期扩张时的境况。但它仍然是罗马最强大的时期，更重要的是，这是罗马一统天下的时期。危机是刺激帝国活力再现并使之强大的机遇，而非高悬于帝国头上的"达摩克利斯之剑"。因此，尽管边境并不太平，但帝国的未来看起来还是非常光明的。

> 随着泥土和木头被石块代替，边境上的临时防御工事变成了永久性的军事建筑；人们开始关注帝国内部而忽视了外部问题。与壮大帝国的力量相比，人们更看重帝国内部的权力了。

也许罗马人对他们的未来太过自信，也许帝国实在太大了，即使是高效的罗马政府，也无法有效地运转这架庞大的帝国机器。随着泥土和木头被石块代替，边境上的临时防御工事变成了永久性的军事建筑；人们开始关注帝国内部而忽视了外部问题。与壮大帝国的力量相比，罗马人更看重帝国内部的权力了。

## 盛极而衰

180年，罗马"五贤帝"中的最后一位——马可·奥勒留去世，这标

## 罗马之剑

　　"西班牙短剑"之于罗马军团的意义，尽人皆知。这种西班牙剑源自凯尔特人的武器。起初罗马人使用的是一种有沉重锋刃的希腊式短剑，这种武器后来被一种更适合砍杀的长剑代替。这种长剑看起来很像罗马军团的蛮族对手所使用的兵刃。后期的罗马，军队常常装备部落武器，罗马不再真正努力为各个军团提供统一的装备了。

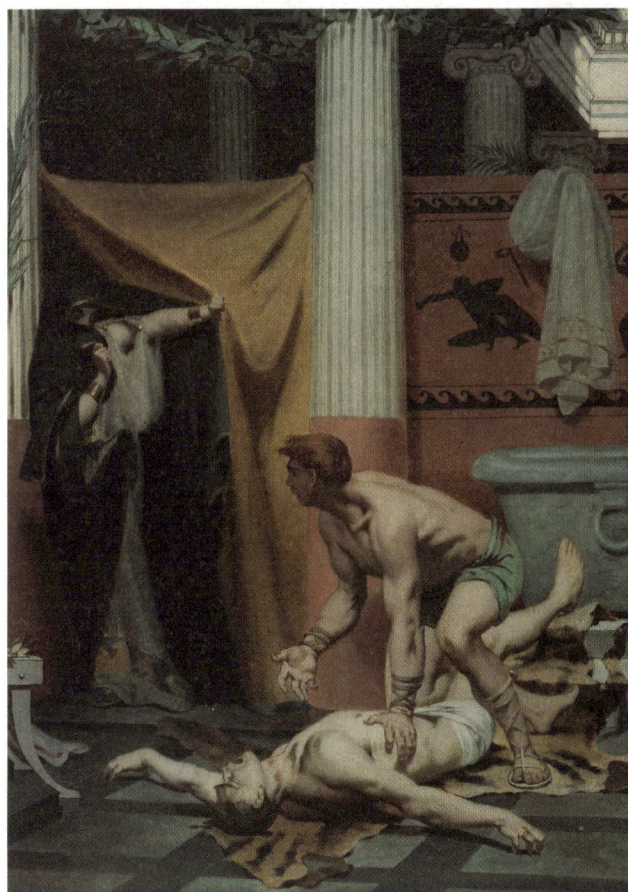

左图：疯狂的杀戮导致康茂德遇刺，他被一名职业摔跤手勒死。

右图：禁卫军享有许多特权，比如服役时间比普通军团更短。他们也许还可以向皇位候选人勒索巨额财富。

志着罗马和平时代的结束。他的继任者康茂德在位时维持了一段时间的和平，但他统治期间被种种阴谋困扰。康茂德被刺杀后，193年，罗马爆发了内战，一年内出现了五位皇帝——这就是著名的"五帝之年"。

腐败加上内部斗争，耗尽了帝国的力量。禁卫军理应是皇帝的贴身护卫，但他们收受巨额贿赂，而且胃口越来越大，变得越来越像拥立皇帝的人——他们邀请想成为下一任皇帝的人出价"竞标"，而且这种邀请从某种意义上说是公开的。

这一时期的罗马军队发生了重大变化。边境上的军团驻地逐渐固定，其中一部分将士被抽离出去处理其他地方的问题。军团里年富力强的成员被派往动乱地区，对年老体弱士兵的部署则相对保守。与前辈相比，前线军队的作战能力自然是下降了。很重要的原因是他们的心态偏于防守，不像以前的军团那样在持续的进攻中变得强悍。但边境驻军仍是富于战斗力的，而且他们可以从帝国内部的行省获得支援。

从帝国之外征募士兵成为一种惯例。在辅助部队服兵役的人不会被授予公民身份，但他的儿子可以因此获得在罗马军团服役的权利。用兵役换取公民身份的兵员机制持续为军队输送高质量的新兵，虽然随着时间的推移，罗马军队变得

> 用兵役换取公民身份的兵员机制持续为军队输送高质量的新兵。

越来越"野蛮"。此处的"野蛮"意味着军队作战时不再使用曾经是中坚力量的组织严密、装备统一的军团战阵，而更乐于采用带有新兵原始作战风格的阵形。这是非常有效的措施，特别是在骑兵取代步兵，成为罗马军队主要进攻力量的情况下。军队不再按罗马军团的方式训练新兵，而是越来越普遍地利用他们已有的技能作战。

3世纪后期，帝国逐渐衰落并且四分五裂。经年累月的内部冲突和权力争夺，侵蚀了帝国的凝聚力，也削弱了处理危机的能力。罗马帝国需要一支庞大的军队来抵御外族入侵，同时还要防止自己人掏空国库，而此时的国库已不再充斥着来自被征服土地的战利品了。可政客们仍然将大量的金钱花在挫败彼此的计划和行动上，而不是用来解决帝国的问题。

防守型策略依赖于驻防地区坚固的防线，但如果这道防线被攻破，入侵者就可长驱直入，除非出现有力的反击。然而，很难组织这样的反击。3世纪末，许多城市遭到了洗劫。这实际上是一场军事政变。罗马的政治和军事事务交织紧密，事实上，任何一个有权势的人其本质都是军人。

## 罗马帝国分裂

284年，戴克里先在军队的支持下称帝。虽然帝国的危机暂时得以缓解，但要想彻底改变，仍需从长计议。他把治下区域分为东罗马和西罗马

## 罗马骑兵

在罗马早期历史中，一个军团包括300名骑兵，他们均来自上层社会。之后这个数字翻了一倍。骑兵的加入为早期的军团带来了机动攻击的力量，但重要的进攻还是由更庞大的步兵部队实施。

随着时间的推移，这支骑兵逐渐被淘汰，代之以辅助兵团的骑兵，而军团的所有成员均为步兵。骑兵组成一支单独的部队，作为军团侧翼。虽然骑兵人数比之前多了，但他们主要承担掩护、侦察和侧翼守卫的职责。

帝国的军队逐渐固化，心态上更趋于保守，骑兵通常在边境的设防区之间巡逻，应对外族入侵和小规模的叛乱。这一时期，帝国军队各支部队在装备方面差异很大，但骑兵大都配备几支轻型长矛和一柄剑，通常是罗马重剑，比以往步兵使用的西班牙短

剑长出许多。事实上，步兵在一段时间后也开始使用更长的剑。

一些骑兵会使用长枪，而不是投掷长矛，他们大多数身穿鳞甲或锁子甲，并有头盔和盾牌保护。东罗马帝国的甲胄骑兵和重骑兵的防护装备非常繁复，西罗马帝国骑兵的铠甲则较为轻便。

久而久之，这些武装的马背战士——通常来自蛮族而不是文明程度较高的罗马行省，成了罗马军队的主要攻击力量。步兵仍然重要，但是骑兵才能追击入侵者或击溃突击队。而且在战场上，罗马骑兵的威力也增强了。

西罗马帝国覆灭时，骑兵在大多数地区已被视作主要的战斗力量，成为一名骑兵是崇高社会地位的象征。可以说，骑士对整个欧洲的经营，始于罗马帝国的晚期。

两个帝国，分别以拜占庭和罗马为中心，希望两片土地都能得到更有效的治理，进而使整个罗马帝国都得以繁荣。

但这个尝试并不成功。305年，戴克里先退位，随之而来的是一段时期的内战。此时，君士坦丁大帝出现了，他是罗马帝国分裂前的最后一位统治者。在他之后，帝国再次陷入分裂。君士坦丁大帝还皈依了基督教，而此前基督教的信徒曾遭到迫害。他这一举动使基督教成为罗马帝国的官方宗教，尽管这个过程并不顺利。

东罗马帝国重新把都城命名为"君士坦丁堡"，在分裂后走上了独立发展的道路。在中世纪，东罗马帝国参与过欧洲和中东的政治事务，并短暂地尝试过收复西罗马帝国。东罗马帝国后来成为拜占庭帝国，一直存续到1453年，彼时的欧洲正在经历后世称之为"文艺复兴"的运动。而另一边，西罗马帝国则要面对崩溃和被征服的命运。

**上图**：皇帝戴克里先试图建立一个拥有四个统治者而不是仅有一个皇帝的统治秩序，以此结束多年的内乱。

## 匈奴人入侵

匈奴人的起源之地并不确定。据推测，他们来自遥远的亚洲东部，多年间一直向西迁移。罗马文献首次提及匈奴是在公元91年，据说他们生活在里海附近，也就是现在的哈萨克斯坦一带。

1世纪结束时，匈奴人对罗马并未构成多大的威胁，此时也没有哪个蛮族部落或部落联盟真正做到这一点。匈奴人离罗马太远，比其他部落的领地

上图：匈奴人战胜了阿兰人，吸收了他们的战士，以备日后进行更远大的征服。那些未被征服的人被驱逐到西方，他们在那里造成了巨大的破坏。

更远，他们也没有足够强大的力量挑战罗马军团。这一时期的罗马文献不仅对许多部落的真实身份语焉不详——也许是因为撰写者本身就缺乏明确的信息，而且倾向于用笼统的概括性文字来指代某个地区的人。对里海地区的部落，常用的名字是斯基泰人（Scythian）。

历史的车轮缓缓前进，部落联盟形成又瓦解。有时联盟会征服其他部落，成为一股更强大的势力，但是这股更强大的势力往往存在时间短暂。有的时候，一些平时联系并不紧密的部落会组成统一的联盟；而另一些时候，联系甚紧的部落却可能从属于不同的群体。罗马人和其他外部落的人所说的部落联盟，更多是基于政治考量，而不是从自然或文化传统的角度划分。

阿兰人是活跃在4世纪后期的主要部落群体之一，他们可能起源于里海或咸海地区。罗马人在多年前就非常了解他们，而

> 阿兰人和匈奴人都欣赏机动而极具侵略性的战争形式。

且一度认为他们是世界上最好的骑兵。阿兰人雇佣兵为许多雇主服务过。作为一个政治团体，他们曾在波斯与萨珊王朝作战；曾与帕提亚人短兵相接，也曾与他们并肩作战。后来哥特部落进入阿兰人活动的地区，阿兰人与雇主的联盟关系遭到破坏，这促使阿兰人在多瑙河和顿河两处建立了聚居点。这可能是匈奴人崛起的原因之一。一部分阿兰人支持和认可匈奴人，一部分则反抗他们。最终匈奴人取得了胜利，占领了以前属于阿兰人的土地，并把他们赶向西部。

阿兰人和匈奴人都在马背上用弓箭作战，他们都欣赏机动而极具侵略性的战争形式。传统的罗马军团并不擅长同这样的敌人作战，这在以前的战斗中已经显示出来。早在公元前53年，恺撒大帝的同时代人克拉苏率领的罗马军队，就倒在了卡雷地区的帕提亚骑兵脚下。

370年的罗马军队与克拉苏的军队已有很大不同。他们的装备不那么统一，但骑兵的数量要多得多，至少在机动性上可与匈奴人相匹敌。更重要的是，罗马帝国开始允许流离失所的部落在帝国的边界线内定居，以此构建出一个缓冲地带，来抵御外部敌人的入侵。

克里米亚的哥特人因匈奴人的入侵而被迫向西迁移，他们作为同盟者为帝国效力，而帝国允许他们在多瑙河沿岸定居。同盟者并不是罗马公民，但是帝国希望他们守卫自己居住的土地。这样罗马帝国的腹地就可以得到强悍的蛮族战士的保护。这一举措增强了帝国的防御力量，也消除了来自流浪部落的威胁。

这本来是一个有效的策略，前提是帝国与这些同盟者保持良好的关系。如果罗马行省的长官对这些部落过于苛刻，这种良好关系就不复存在

上图：哥特人在阿德里安堡取得胜利后，向君士坦丁堡推进，想趁罗马帝国选出新

皇帝之前进攻他们的首都。但行动并没有成功，哥特军队也被迫撤退。

了。定居多瑙河不久，哥特人就爆发了叛乱。一系列小型战斗最后升级为一场大的危机，于是皇帝瓦伦斯召集了平叛的军队。378年，瓦伦斯的军队在阿德里安堡附近与哥特人的步兵部队对峙，而哥特人的骑兵并不在场。但皇帝错过了发起致命一击的机会。他进军时一直犹犹豫豫，使得哥特骑兵有了足够的时间赶回，从而最终击溃了罗马军队。

一些史学家提出，阿德里安堡之战标志着骑兵取代步兵，成为欧洲战争中的主要作战力量，为接下来几个世纪的军事奠定了基调。尽管未来趋势已明，可彼时的情况是瓦伦斯皇帝在阿德里安堡被杀，军队损失惨重。这进一步消耗了帝国的军事力量。这次失利的后果之一是，帝国开始更加依赖同盟者而不是罗马军队。至此，保护罗马帝国的战士与前几个世纪的军团相比，只剩下最表面的相似之处了。

下图：这幅西哥特国王阿拉里克一世的画像出现了时代错误。他穿的这种结构严密的板甲，在他之后的几个世纪之内都不会出现。

## 阿拉里克一世洗劫罗马

人们对西哥特国王阿拉里克一世的早期生活知之甚少。他大概在370年出生，可能生于一个很有权势的家庭。和当时的很多蛮族首领一样，他在罗马帝国担任军队的指挥官，最后成为将军。他所率军队的成员都是从自己的族人中挑选出来的。阿拉里克曾参与罗马皇帝狄奥多西——统一的罗马帝国最后一位皇帝，和西罗马帝国皇帝弗拉维乌斯·尤金纽斯之间的斗争。尤金纽斯要求承认其地位，但遭到了狄奥多西的拒绝。不仅如此，狄奥多西还镇压篡位者，在军队里招募了大批哥特战士。

394年，阿拉里克的哥特人军队在冷河之战中伤亡惨重。他认为，为了保全罗马人的性命，帝国对哥特人的牺牲冷眼旁观。但是哥特人受制于一项条约，该条约允许他们作为同盟者在巴尔干半岛居住，前提是他们要在得不到公民身份的情况下服兵役。狄奥多西死后，罗马帝国分裂成东西两部分。阿拉里克试图重新谈判条约内容。外交手段失败后，他在巴尔干半岛发起了一场掠夺运动，洗劫了几个城镇，以此来证明罗马需要哥特人为其提供保护。

哥特人和罗马人最终达成了一笔交易，阿拉里克与西罗马帝国结盟，征服东方。这笔交易看起来前景不错，但高卢人的入侵和其他威胁的出现，使得交易进展并不顺利。阿拉里克被迫等待它的盟友解决麻烦，这样

## 步兵对骑兵

罗马军团是一支强悍的战斗力量，它在面对步兵时优势最为明显。面对骑兵时，如果敌方骑兵偏爱手持武器，军团可以排成防御队形，静待敌人接近时用短矛和短剑进行反击；若遇到骑兵弓箭手，军团则处于极其不利的境地。

这导致罗马败于帕提亚人之手。军团需要辅助部队或盟军骑兵的支持，以对抗机动性强的对手，但他们远不如罗马军团那么可靠。

在公元前53年的卡雷之战中，帕提亚骑兵击退了罗马的骑兵援军，疲惫不堪的罗马军团既无援兵，又没有还击之力，于是帕提亚骑兵彻底击溃了一支庞大的罗马军队。由于匈奴和其他民族骑兵的不断入侵，罗马帝国不得不越来越多地使用自己的骑兵。

上图：罗马被阿拉里克率领的西哥特人攻陷，多少有点让人摸不着头脑。虽然阿拉里克并没打算征服这座城市，但西罗马帝国也没有为捍卫它而做出任何努力。

西罗马帝国就很难按照约定给阿拉里克运送必需的援军和财物。于是，哥特人又采取了强硬策略，开始向西进军罗马。

西罗马帝国认为哥特人的这种行为是一种威胁，于是集结军队进行反击，并且屠杀阿拉里克的潜在盟友。这引发了一系列的变化，一些原本可能反对阿拉里克的力量转而支持他进攻罗马。哥特人在前往罗马途中洗劫了许多城市，不过他们故意绕过了当时西罗马帝国的首都拉文纳。

阿拉里克率军包围了罗马城，要求罗马人对其进贡，但他仍有意与帝国进行谈判。他没有进攻这座城市，而是把它当作"人质"，希望拉文纳能识时务。西罗马帝国采取了一些象征性的外交手段后，还是决心将野蛮人赶出意大利，并打算派出军队解决罗马的围城之困。这些动作很容易被哥特人察觉。

阿拉里克最终失去了耐心，他的军队洗劫了罗马，然后继续向西西里进军。他来到罗马，与其说是一个征服者，不如说是为了增加谈判的筹码。但西西里作为帝国的精神家园，没有任何谈判的余地和可能，阿拉里克对此也束手无策。他死于410年，他的继任者阿陶尔夫决定进军高卢。尽管阿拉里克没有看到这一天，但他的理想终于实现了。哥特人在高卢建立了一个新的家园，在那里他们不再受制于罗马人。罗马帝国失去了同盟者哥特人的支持，而且哥特人在迁往新家园途中还对帝国造成了破坏。在这种双重打击下，罗马人的帝国再也无力恢复元气了。

## 匈奴的进一步征服

匈奴首领鲁吉拉（Rugila）死于433年，死后权力移交到他的侄子布莱达和阿提拉手里。虽然常常被统称为"匈奴人"，但他们军队的士兵来自许多不同的部族，包括哥特人、阿勒曼尼人和阿兰人。这些部族的骑兵基本与匈奴相似，但匈奴军队还包括大批步兵。匈奴军队还使用攻城武器来破袭城镇的防御工事。

匈奴人似乎比他们的对手罗马人更善于利用外族战士，也许他们对待外族战士

下图：我们所说的各种中世纪阿提拉的形象，更多地指创造这些形象的文化，而不是阿提拉本人。阿提拉不会把自己定位成一个西欧中世纪的君主。

左图：阿提拉和他的战士焚烧阿奎拉城。这种残暴的行为曾是一种威慑的手段，相当于杀鸡儆猴。其他城市往往会选择和平归顺，以免被焚城。

更宽和一些。匈奴人作为敌人很可怕，而作为宗主却很慷慨，这两点在很大程度上保证了他们组成的联盟的稳定性。于是，这些庞大而稳定的匈奴人联盟对罗马构成了严重的威胁，使他们能向罗马勒索巨额钱财。在435年和439年签订的条约中，罗马保证向匈奴人进贡，以此为交换，匈奴人放弃攻打罗马，而另寻其他目标。

也许罗马人认为他们做了一笔好买卖。作为对巨额进贡的回报，匈奴人同意保卫多瑙河地区，这样罗马军队就可以被派往其他地方。以这种方式让各个蛮族相互制衡是罗马当时的典型战略，而匈奴人以前的确在罗马的权力斗争中充当过雇佣兵的角色。于是，在一段时间里，匈奴人的注意力转向了其他地方，尤其针对萨珊波斯。这让罗马官员喜不自禁。毕竟，自己两个潜在的敌人相互争斗，终归是一件好事。

此时，罗马面临另一场危机。战争和瘟疫削弱了它的力量，它迫切需要重建，但支持它重建的资金远远不够。国力虚弱又招致叛乱，进一步消耗了帝国实力，外族入侵也随之而来。崛起于北非的汪达尔人，占领了罗马的阿非利加行省。这威胁到了罗马的粮食安全，因为阿非利加行省已经成为帝国谷物和其他食物的重要供应地。

此事决不能姑息。为了向阿非利加行省派出足够的军队，罗马将军团从巴尔干半岛等看起来受威胁不那么严重的地区撤出。这样对匈奴是非常有利的。他们宣布与西罗马帝国缔结的条约无效。罗马人试图谈判，但没有成功。441年，匈奴人横扫巴尔干半岛，并洗劫了沿途的城市。

尽管罗马人从其他地方召回了军队，试图阻止匈奴人的进攻，但匈奴人还是占领了一座又一座城市，大军直至君士坦丁堡城下。此时，为避免城破，罗马只好同意大幅增加贡品数量，匈奴人这才撤退。只是用钱买来的和平很少能持久，这次也不例外。

## 匈奴王阿提拉的威胁

445年，阿提拉在哥哥布莱达死后成为匈奴唯一的统治者。对于布莱达之死是否与他有关，众说纷纭。但阿提拉在他的兄长死后发动了新的征服运动，这一点是毋庸置疑的。在劫掠了巴尔干半岛后，阿提拉挥师西进。

从典型的罗马人视角来说，西罗马皇帝瓦伦提尼安三世的妹妹霍诺里亚试图诱惑阿提拉，想让他提供帮助，逃避一桩包办的政治婚姻。她把自

己的订婚戒指送给了他，阿提拉却认定这是在求婚。阿提拉要求得到西罗马帝国的一大部分作为结婚礼物，而且他坚持这是霍诺里亚的意思。瓦伦提尼安三世不愿满足阿提拉的要求，于是匈奴人选择向西进军。

除此之外，匈奴入侵高卢的其他原因此前已提及，大部分出于当时复杂政治的考虑。阿提拉可能想在日耳曼尼亚和高卢建立附属国，或者解决他的宫廷中因收留逃亡的外国贵族而引起的政治问题。不管阿提拉入侵的借口是不是迫使罗马履行婚约——他坚称自己收到了求婚戒指，总之他决定入侵高卢，而且对图卢兹（今法国西南部城市）周围

上图：阿提拉和他的军队，插图出自14世纪的《阿提拉之战》。作品中阿拉提被描绘成半人半狗的形象，是基督教的敌人。

上图：在加泰罗尼亚战场上，罗马和法兰克的联军阻止了阿提拉对西欧的入侵。法兰克人是联军的一员而非同盟者，这显示了当时罗马的衰弱程度。

发展起来的西哥特王国发动了战争。

　　这就是当时罗马事务——各方认真考虑阿提拉提出的组成联盟反对西哥特人的建议——的状态。匈奴人和高卢的其他部族都不同程度地出现起义的迹象，罗马的主要问题是何时镇压他们，而非是否要镇压。一个世纪前的罗马帝国能够解决自己内部的问题，只要它口授一份合约，就会有部族前来相助。而如今，危机一个接一个，罗马只能负重而行。

　　此时，帝国的生存依赖于巧妙地把对自己的威胁转化为敌对势力之间的威胁。理想情况是，在镇压当前的反叛者的过程中，顺势削弱另一个潜在的反叛者。但是，确定谁才是最大的威胁颇为困难，最终罗马决定放弃攻打国王狄奥多里克①统治下的西哥特人，并与之结盟。于是，弗拉维斯·埃提乌斯将军带领一支罗马军队与西哥特人联合，联军最终于451年在加泰罗尼亚战场上击败了匈奴人。

当时，阿提拉的军队包括来自被征服部落的战士，例如阿兰人、格皮德人和哥特人。他征服了东欧大部分地区，最终被包括罗马在内的盟军而非罗马军团击败。值得注意的是，弗拉维斯·埃提乌斯在利用这场胜利做文章还是支持西哥特人之间犹豫不决。他可能希望狄奥多里克的军队实力受损，从而解除罗马的一大潜在威胁。最终，狄奥多里克阵亡，匈奴人也被从西欧赶了出去。

阿提拉死后不久，匈奴带来的威胁被其内部斗争所瓦解。匈奴人在多瑙河流域（现在的匈牙利境内）保留了部分实力，但它不再主导欧洲大陆上的风云。然而，他们引发的一系列事件导致西罗马帝国被摧毁，一个新的时代开始了。

## 西罗马帝国的灭亡

西罗马帝国的崩溃不是由某个具体原因引起的，而是一系列无法避免的事件诱发螺旋式下跌的结果。应对内部叛乱和外族入侵不仅大大消耗了帝国的财力，而且扰乱了作为资金来源的帝国经济。行省元气大伤，无力恢复繁荣，这不可避免地导致财政收入减少；而军事力量的削弱意味着必须通过支付巨额贡赋求取短暂的和平，这进一步掏空了帝国国库。

罗马逐渐衰弱，一些帝国之外或已经在帝国定居的蛮族意识到，这是在城市和贸易线路上展开掠夺的良机。还有一些人进入罗马，意图寻找新家园。在某些情况下，各部族在可资利用的最好的土地上抢夺劫掠，这是简单的机会主义。而更普遍的情况是，匈奴入侵造成了混乱，失去家园的

---

① 阿拉里克之孙，418—451年在位。——译者注

人被迫加入迁移大军。

虽然匈奴人在5世纪中期已被打败，但他们依然给被征服的地方带来了巨大的混乱。为躲避他们的滋扰而选择逃离的部落，或因匈奴人入侵而失去家园的人们，只能向西迁移，这就导致他们与邻近部落的冲突。反过来，这些邻近部落也因此被推向更西部，由此造成更多的人流离失所。

于是，大规模移民的时代开始了，这被称为"民族大迁移"。部落间征战不休，罗马帝国的残余势力为争夺定居点而战。残存的罗马军队集结在一起，试图保卫帝国的部分领土，却徒劳无功。东罗马帝国走上了自己的道路，留下它西边的兄弟自生自灭。

大迁移开始时规模很小，只是几小群人向西推进。但到了5世纪后期，大量人群加入西行队伍。这些人都要吃饭，他们只能从经过的土地上获得食物，而这些土地还要供养本地的居民。冲突不可避免，破坏随之而来。对本地居民来说，组织有效抵抗从而拖住移民队伍的脚步，可能比不抵抗还要糟糕，因为这样会给当地造成更多的长期性破坏。西迁的脚步一旦停止，成千上万住在临时帐篷里的人就会搜刮走这片土地上的最后一点食物，而不是仅仅穿行而过。

## 骑兵族

至少从罗马时代开始，拥有马匹是崇高社会地位的象征，而加入骑兵也是大多数人的愿望。这一直是欧洲政治和军事事务中的一个重要特征。在罗马社会，元老院之下的第二梯队即骑士团。在早期军团中，他们是不可或缺的骑兵。在帝国后期，骑兵或者从蛮族征募而来，或者作为军队的专业人员培养出来。然而，饲养一匹马，维护一整套军事装备，都花费不菲。这意味着，在帝国覆灭后，服骑兵役将成为富人的专利，并最终成为财力的象征。

民族大迁移并
没有对斯堪的纳维
亚半岛产生太大影
响，当地的文化依
然按照自己的轨迹
发展。斯堪的纳维
亚半岛通过贸易和
临时条约与罗马世
界有一些联系，但
它并不依赖于庞大
的罗马经济。因为
匈奴总体上是向西

上图：比利牛斯山脉是
西迁大部队的巨大障
碍。一支侦察队或一支
军队也许能相对轻松地
翻越山脉，但整个家庭
带着财产一起迁移就完
全是另外一回事了。

推进的，北方的土地不在他们的入侵路线上，所
以斯堪的纳维亚半岛的文化能够继续发展，最终北
欧人（或称"维京人"）出现在欧洲舞台上。民族
大迁移时代，日耳曼人定居在遥远的西部，而斯拉
夫人则迁移到欧洲东部新近腾出的地区。这些大规
模迁移没有一个明确的开始之日，也没有一个明确
的结束之期。但到700年，欧洲的面貌已经彻底改
变。新的国家正在形成，其基础是融合了罗马思想
和价值观的定居人群的文化。

当然，这一时期也存在破坏和冲突，其中一些是
有意为之。但这时已经没有成群的野蛮人对罗马文
明进行蓄意破坏了。然而，罗马的光芒从内部暗淡
了下来，并被不断变化的新世界压得透不过气来。
罗马的最后一位皇帝在很大程度上是西欧实际统治

右图：朱利乌斯·尼波斯是最后一个官方认可的西罗马帝国皇帝。他的继任者凭借武力上台，也以同样的方式被赶下台。罗马新的统治者是蛮族，他们很快就抛开了作为罗马人的一切伪装。

者的傀儡，而罗马人仍然称他们是野蛮人。

474年，东罗马帝国官员朱利乌斯·尼波斯（Julius Nepos）被派去治理西部的土地，他自封为皇帝。一年后，他被年轻时曾为阿提拉效力的将军欧瑞斯特废黜。欧瑞斯特在未经东罗马帝国许可的情况下，任命自己的儿子罗慕路斯·奥古斯都路斯为皇帝，即罗慕路斯二世。

罗慕路斯二世的统治时间很短。476年，他们与日耳曼赫留利人发生冲突，欧瑞斯特的军队叛变，转而支持另一个在罗马军队中占据高位的野蛮人奥多亚塞。罗慕路斯二世被废黜，但奥多亚塞并没有继承皇帝头衔。他自称国王，这标志着西罗马帝国皇帝称号的终结。

　　人们普遍认为，西罗马帝国的灭亡时间是476年。事实上，一些地区坚持自己西罗马帝国行省的身份，并延续帝国的治理方式。不过总的来说，西罗马帝国以及整个西欧此时已经由罗马人眼中的蛮族统治。年轻、喧闹、充满活力的新国家开始出现，欧洲进入中世纪早期。

ΑΓ.
ΕΛΕΝΗ
ΚΑΙ

ΑΓ.
ΚΩΝC-
ΤΑΝΤΙΝΟC

# 第 2 章

# 从部落到蛮族王国

浩浩荡荡的西迁大军在行进路途中遭遇、征服了许多部族，这些部族的文化与西迁者的传统文化交流、碰撞，融合在一起，并且生发出新的文化。当流离失所的人们终于在新的土地上定居，这些新的部族和文化，就成为中世纪欧洲诸王国的源头。

"野蛮人"（barbarian）这个词的隐含之意是落后、盲目破坏或滥用暴力，但这并不是它最初的意思。这个词可能起源于古希腊人，他们认为自己文化以外的语言完全是些"bar-bar-bar"的噪音。尽管希腊人面对这些野蛮人时，有一种居高临下的态度，但他们还是愿意待其以公正和尊敬，有时希腊人会用另一个词——凯尔托伊（Keltoi，凯尔特人的拉丁文形式，下文统称"凯尔特人"）——来称呼这些人。

现代所称的凯尔特人并不会这样称呼自己。希腊人用这个词统称北欧和西欧的那些野蛮人，这些

前页图：查士丁尼一世和他的妻子西奥多拉一度重新控制了罗马帝国西部和北非的一些行省。但最终，维持对罗马帝国辖区的控制超出了拜占庭帝国的财力范围。

人可能会用部落、氏族和家庭来称呼自己，而不是用内涵丰富的种族或文化认同之类的模糊概念。凯尔特人并没有建造大规模的城市与古希腊人抗衡，但是他们建造了有组织的城镇和定居点，其文化也很发达。他们的金属加工技术非常先进，能够生产精美的珠宝和富有韧性的剑刃。希腊北部的凯尔特人有时在希腊城邦的战争中充当雇佣兵，有时也会与雇佣他们的希腊人开战。凯尔特人与希腊人之间的贸易关系总体良好，这就使得他们能够从希腊人那里获得必要的原料进行青铜加工。

始于公元前1200年左右的青铜时代大崩溃，导致凯尔特人与希腊人的贸易中断，这可能是凯尔特人转而使用铁器的原因之一。当时由于相关技术更为成熟，制造青铜工具要比制造铁制工具更容易。但是现实的需要迫使人们去创新，希腊的黑暗时代结束时，凯尔特人已经可以制造相当好的铁制武器和工具。

右图：叶形剑刃是许多地区的凯尔特剑的特色。这些青铜剑标本是在爱尔兰发现的。

凯尔特人遍布欧洲各地，他们的文化与当地文化相融合。在由此创生出的社会中，凯尔特人与非凯尔特人的界限变得越来越模糊。罗马人把生活在如今的法国及其周边地区的凯尔特人称为高卢人，后来这个词也被应用到一般的凯尔特人身上。

虽然不像罗马人那样组织有序，但凯尔特人的部落是非常强大的。公元前390年，罗马遭到布伦

下图：公元前390年，为了从高卢人手中拯救罗马，各地需要朝贡，由此引发了一场关于度量衡的争论。据说，高卢首领布伦努斯将他的剑放到天平上，以此暗示罗马人：与征服者争辩是不明智的。

上图：所谓的罗马短铁剑实际上是由凯尔特伊比利亚人发明的。罗马人在战争中见识到这种武器，之后用它来装备军队。随后，罗马帝国用更长的剑取代了它。

> 罗马军队学习了凯尔特人的经验，甚至他们手中的剑也来自凯尔特人，但欧洲大陆的高卢人最终败于罗马人之手。

努斯（Brennus）指挥的高卢军队的洗劫。当罗马人进入伊比利亚半岛时，那里的人（常被称为凯尔特伊比利亚人）掌握的造剑技术，给罗马人的首领留下了非常深刻的印象，于是罗马军团也装备了这种独特的武器，不过样式与凯尔特伊比利亚人的有所区别。

罗马军队学习了凯尔特人的经验，甚至他们手中的剑也来自凯尔特人，但欧洲大陆的高卢人最终败于罗马人之手。这主要是因为罗马拥有优越的组织架构和后勤能力。此外，罗马是一个统一的国家，而高卢诸部落并非如此。最终，伊比利亚、高卢和临近罗马的凯尔特人被罗马化了。但是他们从未完全失去自己的民族认同。

因此，当流离失所的人群从东方来到这里时，他们的文化所取代的不仅仅是罗马文化，还有被罗马征服的古凯尔特民族的遗留文化。这些文化交流融合，并在6世纪时塑造了欧洲的新兴国家。

## 擅用飞斧的法兰克人

　　法兰克人是日耳曼人的一支，他们从莱茵河和威悉河（Weser River）附近地区向西迁移。他们不是单一文化的族群，而是一个部落联盟，他们也没有一个定义明确的称谓。在向西进军的过程中，似乎每个成员群体都保留了自己的部族特色。他们定居在如今的法国和比利时地区之后，才融合生发出单一的文化。

　　关于"法兰克人"这个名字的来源，有多种观

左图：虽然不确定，但一般认为托尔比亚克之战可以追溯到496年。我们可以确定的是，克洛维带领法兰克人战胜了阿勒曼尼人。

点。"Franks"一词的起源可能是"francisca"（法兰飞斧），部分法兰克人的成员部落偏爱使用这种投掷斧头。如果此说属实，"Franks"这个名字就是由罗马人强加给那些在交战中使用这种斧头的人的。这个词最早出现在257年左右的罗马著作中。当时的罗马资料称，法兰克人是野蛮而凶猛的战士和老练的水手，他们不仅袭击帝国的内陆城市，还袭击不列颠群岛的城镇，或抢劫英国海（今英吉利海峡）沿海水域的船只。

随着罗马帝国的衰落，征募法兰克人为己所用远比与他们作战更有意义。于是，这一时期的罗马军团快速"蛮族化"，非罗马人组成的军队不是被训练成军团战阵，而是用他们原生文化的方式去战斗。当时的法兰克战士习惯徒步作战，一种叫作日耳曼式标枪的短矛是他们的首选武器。日耳曼式标枪可以投掷，也可以在肉搏战中使用，和法兰飞斧一样。法兰飞斧可以单手挥舞，这种重斧是一种致命的短距离投掷武器，能劈开盾牌。在敌军密集的地方四下挥砍，可以伤及多个对手。

近战中，日耳曼式标枪和法兰飞斧经常与剑和匕首一起使用，这就衍生出了典型的法兰克战术：先用长矛和斧头连击迎面扑来的敌人，砍翻敌人后径直冲向混乱和沮丧的敌阵。虽然法兰克人在后勤保障和军事组织方

## 最后的军团

在罗马帝国最后的日子里，它的军队仍然被称为军团，但已经与过去高度组织化的军团相去甚远。军队分成许多小型编队，装备也更加轻型化。此时，罗马军团的士兵已不再限于重装步兵，长矛和弓箭以及传统的剑和标枪等各种武器都出现在军团里。一些军团仍然使用传统的装备，但是，无力护卫帝国领土的罗马军团，在缔造它们的那些先辈眼中，早已名不副实了。

左图：4世纪法兰克人的着装以及他们的整体外观。此时，他们更多地表现出蛮族的风格。随着时间的推移，他们的服饰和言谈举止逐渐演变成中世纪早期诸王国的风格。

面从未达到罗马人的水平，但这种战术的威力并不逊于罗马传统的短矛配短剑的作战方式。

　　法兰克人向西进入现在的比利时，最终到达高卢北部。他们为衰落中的罗马帝国提供了大量的战士。这些战士或者是罗马军队的成员，或者是保留自己旗帜的罗马盟军。最终，法兰克人成为罗马帝国军队中数量最多的非罗马人成员。这一时期，他们还巩固了对山北高卢的控制。根据与罗马达成的协议，这片土地割让给法兰克人，这一协议很大程度上意味着罗马人对无力回天的现实最大程度的屈从——罗马帝国未能阻止蛮族侵略者占领这片土地，所以他们只能通过谈判的方式与对方做交易。事实证明，这样的安排是非常明智的。451年，法兰克军队帮助罗马及其西哥特同盟对抗阿提拉匈奴人；463年，他们帮助罗马对抗西哥特人。

## 克洛维一世建立墨洛温王朝

克洛维一世（465—511年在位）统治时期，法兰克已经成为一个王国，不再是由多个部落组成的

右图：克洛维一世穿着紫色的衣服接受拜占庭皇帝的祝福，这是罗马帝国象征统治权的颜色。与罗马的联系仍然具有重要的意义，这种联系给予欧洲的新统治者一种官方正统的感觉。

群体。克洛维建立的王朝在历史上被称为墨洛温王朝，因为其祖父墨洛维赫（Merovech）曾与罗马军队一起与匈奴人作战。墨洛温王朝是西欧最早的世袭王朝之一，可以说是法国的缔造者。克洛维在与最后一位高卢僭主西阿格里乌斯的战斗中，彻底摧毁了罗马人对山北高卢的控制。486年，西阿格里乌斯的军队在苏瓦松被击败，此后克洛维成为这片土地上无可争议的统治者。

　　值得注意的是，西阿格里乌斯并没有逃往罗马的行省，而是去了西哥特王国的首都图卢兹，想把那里当作避难之所。然而事不遂人愿，西哥特国王

上图：西阿格里乌斯统治着一块仍自认为是罗马领土的飞地。他在苏瓦松之战中被克洛维一世击败，西罗马帝国的最后遗存被抹去了。

上图：法兰克人和西哥特人之间的战争，士兵横握长矛骑马作战。此图可能不太准确，因为在很长一段时间里，这些全副武装的骑兵还不足以决定战争胜败。

阿拉里克二世拒绝庇护强大的法兰克人的敌人，把他交给了克洛维。西阿格里乌斯很可能被克洛维斩首了。

对阶下囚或潜在对手仁慈是一种非常奢侈的行为，蛮族国王无法承受其后果，所以克洛维的这种行为在中世纪非常普遍。无辜的王室成员被处决并没有什么特别的原因，只不过是将来有一天他们可能顶着被处决的敌对国王的名义造反，至于这些亲族是否有过一丁点儿这样的念头，"克洛维"们根本不管不顾。

克洛维一世对待亲人也是如此。他的堂兄弟查拉里克（Chararic）和拉格纳查尔（Ragnachar）是他潜在的对手，他们曾派遣军队协助对抗西阿格里乌斯，但是查拉里克的军队在关键一战中退缩了。

克洛维认为查拉里克是在两面下注，于是将他逮捕。起初，他强迫查拉里克和他的继承人成为修士。后来，克洛维听到了一些无心之言，于是确信他们正密谋背叛他，就将两人处死并吞并了他们的土地。

虽然拉格纳查尔曾在苏瓦松与他并肩作战，克洛维还是将其免职并最终处决了他。通过除掉对手并夺取他们的土地，克洛维成功地扩大并捍卫了自己的势力。他还对西哥特人发动战争，从他们手中夺取了包括兰斯（Reims）和巴黎在内的几个城市，并在阿勒曼尼人的协助下，挫败了西哥特人越过莱茵河进入其领土的企图。

克洛维继承的不是一个富裕的王国，但他在早期战争中取得的胜利激励着他的追随者留在自己身边，而且他也能用战利品奖励他们。这里已经可以窥见中世纪政治–军事体系的端倪——一个有魅力的国王直接领导战士，而服兵役可以直接获得财富和社会地位。

尽管克洛维知道，皈依基督教能获得政治优势，但在与勃艮第基督徒克罗蒂尔德（Clotilde）结婚后，他似乎仍对基督教持反对态度。后来，取得对阿勒曼尼的胜利以及他的孩子患病康复这两件事，让他对基督教有了

## 基督教的阿里乌派和尼西亚派

4世纪早期，一位名叫阿里乌斯的基督教修士提出了一种观点：耶稣是由上帝创造的，因此依赖于上帝而存在，而非以前人们所认为的"三位一体"——三个部分共同组成了唯一的神。这种观点被尼西亚会议谴责为异端邪说，并使得早期基督教会严重分裂。

后来，两个教派信众之间的冲突持续不断。有时演变成迫害，有时则会扩大为欧洲新兴国家之间的重大战争。

上图：15世纪表现武伊尔之战的绘画作品。战争双方都使用了15世纪的装备，这是
中世纪作品中常见的错误。507年的战士不可能拥有如此先进的盔甲。

好感。于是，他热情满满地投入了新信仰的怀抱。这是促成克洛维与西哥特人重新开战的一个因素，战争进一步扩大了法兰西的领土。

东哥特国王狄奥多里克与新近成为尼西亚派信徒的克洛维不同，他信奉阿里乌派，忠于支持他获得权力的皇帝，并服从皇帝的禁令，拒绝帮助西哥特的阿拉里克二世。

狄奥多里克娶了克洛维的妹妹奥多弗莱达（Audofleda）。狄奥多里克希望这次联姻是他与法兰克联盟的一部分，他也出于类似的考虑把自己的女儿嫁给了阿拉里克。这些王朝之间的盟约都不同程度地陷入了僵局，拜占庭皇帝不支持阿里乌派联合起来反对尼西亚派，此举最终决定了狄奥多里克在这场冲突中的立场。不过，他确实吞并了一些领土，但这也助长了克洛维的野心。

最终西哥特人战败，阿拉里克二世被杀。西哥特人撤退到伊比利亚半岛，克洛维几乎完全控制了后来的法国地区，这并非巧合。拜占庭皇帝送给克洛维一件紫色长袍——罗马执政官的标志。此时罗马帝国的服饰仍然保有某种神秘感，而穿着这种服饰的统治者在很多情况下自视为或表现得像罗马帝国合法的继承者。这种联系从未完全消失。即使到了现代，在一些仪式和符号上，我们仍然可以看到理想化的古代罗马文明的影子，比如具有象征意义的火炬传递行为。

> 在一些仪式和符号上，我们仍然可以看到理想化的古代罗马文明的影子，比如具有象征意义的火炬传递行为。

克洛维在巴黎建立了都城。虽然东哥特人确实从他手中夺去了一些领土，但他死后留下了一个稳定而强大的王国。人们通常认为他死于511年，但也可能是513年。克洛维把王国分给了他的四个儿子，而不是指定一个儿子作为唯一的统治者。这样就结束了法兰克人短暂的统一，阻止了王国进一步对外扩张，而且搭建了权力游戏和内斗的舞台。

### 克洛维之后的法兰克

　　法兰克王国的分裂可能是灾难性的，但克洛维的继承者们愿意并且有能力限制他们的冲突，他们建立了为大多数人所遵守的最基本的"战争规则"。虽然这样可以在整体上避免巨大的经济损失，但贵族之间的权力游戏吸引了他们大部分的注意力，这就使法兰克人无法一致对外。当然也有例外。比如在领土争端或政治利益之外，人们出于报复而发动战争。尽管如此，随着时间的推移，法兰克王国变成了四个相对强大的国家。

　　这四个国家中，阿基坦（Aquitaine）位于比利牛斯山以北的大西洋海岸，勃艮第位于巴黎东南，纽斯特里亚位于巴黎以北。法兰克人最初的家园则成为奥斯特拉西亚，它在现在法国的东北部和德国

下图：墨洛温王朝的国王和王后，他们分别是：克洛维二世和巴尔希尔德、克洛塔尔三世、希尔德里克二世、提奥德里克三世和克洛维三世。在他们统治期间，实际权力移交给了宫相。

**左图**：奥斯特拉西亚王后布伦希尔德被马分尸，这一事件（以不同的形式和不同的面貌）出现在许多欧洲传说和民间故事中。

西部，横跨莱茵河。这些国家之间冲突不断，但在某些统治者手下又会部分甚至全部统一。纽斯特里亚的国王克洛塔尔二世就做到了这一点。在经历了一场漫长而痛苦的战争后，他于613年击败了奥斯特拉西亚的王后布伦希尔德。克洛塔用几匹马把布伦希尔德分尸。而对于其他对手，则采用了不那么残暴的方式吞并其土地。

尽管在某一段时间，克洛塔尔二世成功地使自己成为所有法兰克人的国王，但实际上他统治期间王权被削弱，而高级贵族的权力增加了。这最终导致了墨洛温王朝的灭亡。到7世纪中期，权力已基本完成转移，墨洛温王朝的最后一位国王希尔德里克三世（Childeric Ⅲ）只是个有名无实的傀儡。751年，他被宫相丕平三世——人们熟知的"矮子"丕平——废黜。废黜过程相对来说比较仁慈，希尔德里克被送进了修道院，而丕平三世则成为加洛林王朝的第一任统治者。

下图：一幅17世纪的版画，画中人物为查理·马特。他是欧洲历史上最具影响力的人物之一。他在图尔之战中获胜，这使得基督教能够保持它在欧洲的统治地位。

## "铁锤"查理

墨洛温王朝在最后几年荣耀尚存。绰号"铁锤"的宫相查理·马特成功地抵御了来自西班牙的摩尔人势力，这是欧洲历史上最伟大的转折点之一。他掌权的过程并不顺利，在一场关于继承权的斗争中，年轻的查理遭到了监禁。监禁的目的是避免他成为号召人们对抗国王的中心人物，但他在715年成功逃跑，并做了他的敌人一直畏惧的事情。

718年，查理·马特巩固了他法兰克王国最高统治者的地位，随后在巴伐利亚和阿莱曼尼亚发动了一系列战

役。尽管遭到了有力抵抗，但摩尔人军队依然从伊比利亚半岛向法兰克王国逼近。此时，需要一种新的作战方法来对付他们。

查理·马特意识到，一支训练有素的军队是对抗纪律严明的摩尔人军队的必要条件，于是他开始筹集资金建立这样一支军队。他没收了教会的土地，用筹集到的资金组建军队，尽管这遭到了宗教官员的反对。不过，查理·马特还是建立了一支沉着而专业的军队。法兰克人在图尔附近占据了有利的防御位置，能够击退骑兵的多次进攻。如果面对的是一支经验不足的军队，这些骑兵的进攻就可以将其击溃。

图尔之战（有时被称为普瓦捷之战）击退了摩尔人对欧洲的入侵，但这并没有终结双方的冲突。查理·马特成功地将重骑兵纳入军队，再次击败了侵略者，最终解除了外敌入侵的威胁。查理·马特死于741年，死后王国被分给他的两个儿子卡洛曼（Carloman）和丕平三世，丕平三世建立加洛林王朝，取代了墨洛温王朝。

墨洛温王朝末期，中世纪法国初具规模。这个在中世纪历史上占有重要地位的伟大国家终于出现。骑兵逐渐取代了使用标志性投掷斧头的法兰克步兵，这些士兵将成为随后一千年里欧洲战场上的主要力量。

> 骑兵逐渐取代了使用标志性投掷斧头的法兰克步兵，这些士兵将成为随后一千年里欧洲战场上的主要力量。

## 西哥特人

罗马史学家称西哥特人为"日耳曼民族"，但我们并不清楚他们在被罗马人称为日耳曼尼亚的地方生活了多久，甚至他们的具体活动位置也不明确。为了区分东哥特人和西哥特人，罗马史学家开始使用"西哥特人"这个词，但不是所有学者都这么过分讲究。事实上，在罗马文献中，哥特人最早被记录成一个斯基泰人部落。

## 图尔之战

人们对于图尔之战双方兵力的估计差别很大。可以肯定的是，倭马亚哈里发的军队已经深入欧洲，而且似乎有能力击败任何抵抗他们的势力。这支军队的主要攻击力量是轻装骑兵，他们能够进行小规模战斗或发起大规模冲锋。摩尔人骑兵一开始就主动进攻，他们能够从侧翼包抄并战胜纪律松散的对手。

摩尔人军队到达图尔时，数量庞大的战利品给他们造成了很大的负担。另外，行军途中不可避免的战事也让战利品受到了损耗。然而，这仍是一支需要小心应对的强大军队。查理·马特与同时代其他统治者不同，他认识到军队组织能力和后勤的重要性。他没有尽其所能地增加兵力，而是创建了一支专业化的步兵部队，为作战力量提供精良的盔甲和武器。更重要的是，这是一支可以用一年时间来训练的常备军，遭遇敌军时，其成员对自己的战斗力和同伴的可靠性都信心十足。

而另一边，摩尔人有点过于自信了。他们没有出兵阻止法兰克人占据有利的防御位置，导致摩尔人骑兵只能朝山上进攻敌人。战斗开始前双方僵持了六天，在此期间，摩尔人首领阿卜杜·拉曼认真考虑了他们的处境。法兰克人对寒冷的天气有更好的准备，而阿卜杜·拉曼需要决定他们是进攻还是放弃。摩尔人发起了一系列骑兵冲锋，然而只是偶尔能够突破法兰克人的防御方阵。骑兵冲锋也许可以击溃一支经验不足的军队，但法兰克人在方阵内保留了后备力量，当闯入方阵的敌人在身后纠缠时，外围的人也有信心继续作战。

与此同时，一支独立的法兰克军队设法进入了摩尔人的营地。他们在那里释放了囚犯，由此引起了很大的混乱。法兰克人要带走摩尔人所有战利品所引起的慌乱和恐惧，把摩尔人战士从前线拉了回来。拉曼本人在召集军队时被杀，大军失去了指挥官。法兰克人无法徒步追击骑兵，只好改变了防守位置，静候时机。

　　现在，图尔之战的情形是这样的：法兰克人只要不溃败就能实现战略目标；而摩尔人则必须赢得战斗，才能继续这场行动。失去了指挥官并且被彻底击退后，摩尔人带着战利品撤退到伊比利亚。对图尔的防御性胜利阻止了摩尔人的连胜，但查理·马特未能乘胜追击或采取主动攻势，因为他无法用步兵对抗高度机动的骑兵。所以，战争依然存在，摩尔人骑兵时常入侵法兰克王国。与罗马军团发现自己需要骑兵来对付匈奴及类似的骑兵对手一样，在之后的几年里，法兰克人开始装备自己的骑兵，这最终使得欧洲出现骑士制度。

下图：表现图尔之战的作品，内容离奇。真实的情形是，法兰克人用防御战术击退了摩尔人军队咄咄逼人的骑兵进攻。

"斯基泰人"这个词通常指公元前7—前3世纪生活在黑海以北地区的民族，但人们似乎将居住在黑海附近的所有族群统称为斯基泰人。哥特人也许与草原上的斯基泰人并无关系，甚至罗马人为他们假定的家园也存在一些疑问。

哥特人最初可能来自斯堪的纳维亚半岛或黑海以北的地区，尽管人们对此多有争论。最早的罗马学者对他们知之甚少，而且某些时候罗马学者的记载也不可靠。在波兰的格但斯克（意为"哥特人

下图：骑在马背上的弓箭手具有出色的作战技能，如斯基泰人的弓箭手。行进时，他们可以在没有马镫保护的情况下向各个方向射箭。

的城市"）附近发现过哥特式墓葬。但这里到底是他们的家乡，还是他们在一次大规模移民过程中居住过一段时间的地方，还存有争议。

到1世纪末，罗马人对哥特人有了更多了解。塔西佗在他的著作《日耳曼尼亚志》中记录了这个族群，他们的体貌特征与日耳曼人非常接近：红头发，体魄魁梧而健壮，在战斗中十分凶狠。虽然哥特人显然更偏爱用步兵作战，但依照记载，他们也有成熟的骑兵。在战场上，骑兵可以作为一个纪律严明的整体（根据战场形势需要而随时）变换阵形。

早期的哥特人很少穿盔甲。罗马人有时用"赤裸"一词来描述他们，但这并不意味着他们什么都没穿。此处的赤裸意指赤膊、袒露胸膛，但肯定不是完全赤裸或是缺乏盔甲保护。虽然大量艺术作品表现的都是赤身裸体的野蛮人，且经常做出暴力或破坏的行为，但这似乎有些不切实际。除此之外，北欧的气候也不允许人穿得太少。而且战士们如果没有鞋子和裤子的保护，会受到一种大量存在于他们家乡的多刺灌木的严重伤害。

典型的早期哥特战士仅仅装备长矛和盾牌。盾牌装饰丰富，不过他们大多数战争装备从外观上看都是朴素的。他们也使用弓箭、标枪、剑和匕首，但没有统一的样式。战场上，战士们有什么武器就拿什么武器，而一支军队通常依靠领导者的个人魅力凝聚起来。领导者需要拥有超出追随者的勇气，追随者则应该与领导者的勇猛相匹配。这造就了一种凶猛而有力的战争方式，但面对纪律性更强的对手时，这种方式将会导致灾难性的后果。

到3世纪晚期，西哥特人显然已经接受了我们现在使用的这个名字，尽管它是由罗马史学家杜撰的。他们吸收了来自其他部落的人，其中一些人因为匈奴人日益严重的威胁而无家可归，西哥特人自己也感受到了压力。他们向南迁移到多瑙河地区，并请求罗马帝国允许他们以同盟者的身份在那里定居。

上图：西哥特人入侵伊比利亚半岛的画面。部落居民被描绘成粗野和残暴的野蛮人，事实上，哥特人并不比当时的任何其他民族野蛮。

上图：将罗马帝国划分给四个统治者的本意是能够更好地治理国家，但这最终导致了更多的冲突。李锡尼（东罗马皇帝）战胜了第一位蛮族出身的罗马皇帝"篡位者"马克西米努斯，但他于323年在阿德里安堡被君士坦丁打败。

上图：东罗马帝国皇帝瓦伦斯。普罗柯比挑起与罗马皇帝瓦伦斯的争端，普罗柯比收买了附近的军团并用他们控制了色雷斯。瓦伦斯最初倾向于谈判，但后来决定诉诸武力。已听命于普罗柯比的军队背叛了瓦伦斯，致使他被生擒并被处决。

## 哥特战争

罗马官员对哥特人非常残酷，由此引发了哥特战争。哥特人在阿德里安堡之战中击败并杀死了罗马皇帝瓦伦斯。双方最终签订了一项条约来终止这场冲突，条约允许西哥特人获得土地。在这段时间，西哥特人越来越基督徒化。西哥特国王阿拉里克一世试图在他的臣民中推行一些罗马的习俗和制度，并取得了一定的成效。如果历史没有向另外一个方向发展，拥有罗马–哥特式文化的西哥特人可能会为该地区注入新活力，甚至开创帝国的新纪元。然而，罗马坚持与西哥特人签订完全有利于己方的条约。于是，为迫使双方重新谈判，阿拉里克向西罗马帝国宣战。

410年，阿拉里克领导的西哥特军队占领了罗马。纵使他们洗劫了这座城市，也无法说服罗马皇帝制定一个新的更公平的条约，所以阿拉里克决定继续推进。他打算经西西里前往北非，但他死后，他的继任者阿陶尔夫选择南高卢作为目的地。阿陶尔夫和他的继任者们在图卢兹周围建立了一个王国，王国持续扩张，直到西哥特人控制了伊比利亚半岛的大部分地区。

与高卢北部的法兰克人的冲突也许是不可避免的，不过基督教会内部的分歧让冲突进一步加剧。西哥特人信奉基督教中的阿里乌派，法兰克人则

左图：19世纪晚期的作品，描绘了西哥特人洗劫罗马的场景。画中呈现的是赤身裸体的野蛮人摧毁文明世界伟大作品的形象。这种形象早应该被消除，但是很长时间里它仍然存在于一般人的想象中。

信奉尼西亚派。可能早在502年，双方就已出现冲突，到507年，西哥特人与法兰克人的战争全面爆发。对于这场战争，多数人的看法是，法兰克人的统治者克洛维一世与他的阿里乌派邻居进行了一场宗教战争，但其目的可能只是征服土地。

这场冲突在普瓦捷附近的武伊尔之战中达到高

## 起源于特洛伊？

某些记载称哥特人是特洛伊人的后裔，这应该不太可能。这个说法可能更多的是给前罗马帝国暴发户式的野蛮统治者一个高贵的身份。而且他们并不是唯一一个声称源于古代特洛伊的族群。

据说罗马是由逃离被毁家园的特洛伊人建立的，不列颠则是一个罗马人或特洛伊人的后裔发现的。从这位祖先开始，不列颠诞生了一脉相承的传奇统治者，包括亚瑟王和不列颠各部落的首领。甚至在部分资料中，北欧诸神也居住在特洛伊城，每天通过魔法彩虹桥往返于阿斯加德（Asgard）和特洛伊之间。

其中一些故事显然是虚构的，另一些则可能有真实的内核。除了荷马《伊利亚特》和《奥德赛》的相关记载，人们对特洛伊城所知甚少，而这两部作品都取材于希腊黑暗时代流传下来的口述历史（也可能是虚构的故事）。考古发掘成果显示，在传说中的特洛伊城所在地，曾经矗立着一座伟大的城市。但除此之外，就没有其他有力的证据了。即使在古代，为从高贵的祖先到合法化权力这一传承编造族谱时，特洛伊也是一个传奇之地和自然之选。

右图：至少在一些故事中，埃涅阿斯和他的儿子是建立罗马城的功臣。这让罗马人联想到传说中的特洛伊城。

潮。当时的记载相互矛盾，而且往往带有偏见。一些人认为法兰克人得到了勃艮第的帮助，另一些人则对勃艮第避而不谈。阿拉里克的军队中既有西哥特战士，也有按照罗马风格训练和装备的军人，但他们都输给了法兰克人。虽然克洛维一世一度身处险境，但最终被杀的却是阿拉里克。阿拉里克的军队四散而逃，这为法兰克人进攻图卢兹打开了通道。

国王已死，首都遭到敌方掠夺，西哥特人撤退到伊比利亚，以托莱多①（Toledo）为新的首都。在接下来的两个世纪里，伊比利亚的罗马人和西哥特人之间的界线逐渐模糊，直至融合成一个全新的文化群体。7世纪早期，摩尔人强势入侵伊比利亚，但没有成功，因为他们遭到了西哥特人的顽强抵抗。图尔之战中，查理·马特指挥法兰克军队大败摩尔人军队，但是伊比利亚的冲突仍在继续。西哥特人从这些战争中崛起，为后来的西班牙王国奠定了基础。

## 东哥特人

"东哥特"一词似乎是对该部落名称的误读，只是罗马历史学家认为他们是东哥特人。东哥特人与西哥特人起源相同，他们有共同的祖先，东哥特人生活在黑海附近。对该地区的罗马各行省来说，他们有时是个制造麻烦的邻居。

匈奴人入侵时，已拥有了一大片土地的东哥特人，也未能避免被征服的命运。在西哥特人向西进入罗马帝国的时候，东哥特人被征服了。据说，他们的国王厄门阿瑞克（Ermanaric）在匈奴人入侵时，选择了自杀殉国。

向东扩张时，东哥特战士一直与匈奴人战斗，直至阿提拉去世。在

---

① 西班牙古城，位于马德里以南70千米处。——译者注

右图：一幅6世纪的镶嵌画，表现了拜占庭皇帝查士丁尼和他的随从。查士丁尼在一段时间内收复了原西罗马帝国的一些行省，并灭掉了汪达尔王国。

狄奥多里克①的领导下，东哥特人于474年入侵西罗马帝国，并得到拜占庭帝国的首肯。出身日耳曼的首领奥多亚塞（Adoacer）废黜了罗慕路斯二

---

① 东哥特国王（493—526年在位），其国家以拉文纳为首都，领土包括现在的意大利和克罗地亚部分地区。通过联姻等一系列行动，东哥特国王狄奥多里克也成了西哥特的摄政王，其影响力从意大利扩展到了西班牙、葡萄牙、法国西南部一带。后世称其为"狄奥多里克大帝"。——译者注

世，从而结束了西罗马皇帝的统治。打败奥多亚塞后，狄奥多里克与拜占庭帝国重新结盟。

东哥特王国建立于493年，他们的文化融合了罗马和日耳曼的思想。罗马的艺术和社会习俗被保留下来，东哥特王国与拜占庭帝国是两个国家，直到534年，二者关系一直很好。狄奥多里克的女儿阿玛拉逊莎（Amalasvintha）先是担任摄政王，后继承了王位，但后来在一场宫廷权力斗争中被杀。她的表弟狄奥达哈德继承了王位，这引发了拜占庭帝国对东哥特王国的干预。

拜占庭帝国派著名将军弗拉维乌斯·贝利撒留出征，将狄奥达哈德赶下了台。面对拜占庭军队，东哥特人屡战屡败，于是他们推翻了狄奥达哈德，另选他人，但这位继任者也被拜占庭人击败。通过战争、内部阴谋和谈判等手段，贝利撒留以查士丁尼皇帝的名义控制了整个东哥特王国。

查士丁尼担心他的将军过于强大，所以将贝利撒留召回拜占庭，派其他官员去统治东哥特王国。东哥特人不喜欢这样，他们起来反抗新派来的统治者。在巴杜伊拉——也就是东哥特国王托提拉（Totila）的领导下，东哥特人的起义一度取得了成功。可是，巴杜伊拉在552年的一场战斗中被杀死，此后一年内起义被镇压。这之后，东哥特人的民族特性逐渐消失，成为南欧混合文化群体的一部分。

## 拥有海军的汪达尔人

和那个时代的其他部族一样，汪达尔人的起源尚不清楚。他们可能是从斯堪的纳维亚向南迁移的，曾在波兰留下过痕迹。汪达尔人这个名字应当出自罗马历史学家之手，他们也称其为"鲁吉人"。我们不太清楚汪达尔人的民族凝聚力如何，但可以确定，哈斯丁汪达尔人（the Hasdingi Vandals）在2世纪后期以同盟者的身份进入罗马帝国。与他们相近的希林吉人则定居在如今的西里西亚境内。

罗马和蛮族的关系经常出现问题，和汪达尔人的关系也不例外。汪达尔人有时为帝国效力，有时也是罗马帝国的敌人。汪达尔人信奉基督教阿里乌派，这使他们与信奉尼西亚派的罗马人极为不同。在匈奴人入侵的压力不断增加的情况下，信仰不同可能是罗马帝国不允许汪达尔人入境的一个因素。然而，汪达尔人利用罗马人在莱茵河沿岸力量被削弱的时机，在406年强行进入了帝国。

其他日耳曼部落也在寻找安全的家园，而且竞争激烈，因此汪达尔人没有在高卢定居。他们从莱茵河沿岸一路推进到伊比利亚，在那里建立了一个王国，由君德里克统治，他同时也是阿兰人的统治者。为方便在地中海航行，汪达尔人建立了一支海军，这使他们最终能够进入北非。同时，他们还要与其他部落争夺伊比利亚的控制权，尤其是与西哥特人。

## 汪达尔国王盖塞里克

428年，君德里克去世，盖塞里克继位。此时，罗马世界正在进行一场阴谋活动，这为新的汪达尔国王创造了机会。一些资料称，罗马帝国北非总督博尼法斯（Boniface）被他的对手弗拉维斯·埃提乌斯诬陷叛国。局势越来越紧张，战争迫近，博尼法斯请求汪达尔人予以帮助。另一些资料则显示，出于对自身有利的目的，汪达尔人是北非战争阴谋的推动者。

不管真相如何，盖塞里克向北非派出了大批汪达尔人。文献中的数据是一致的，据说有8万人，但是这个数字还有探讨的余地。盖塞里克的势力当然很强大，事实证明，他们足以占领迦太基及其周边城市。最终，盖塞里克控制了罗马最重要的产粮行省。

很久以前，罗马在与迦太基作战时就被迫建立了一支海军，现在在相同的港口又出现了新的海上威胁。盖塞里克拥有一支庞大的海军力量，控

左图：嗜血的野蛮人横扫敌人，这些野蛮人可以是欧洲任何一个后罗马时代的民族。这是19世纪的成见。画面中的主角是汪达尔人，他们正向罗马推进。

制阿非利加行省后就能袭击地中海沿岸地区，以及掠夺商船。罗马人试图收复失陷行省，却失败了。442年，双方达成协议，罗马承认盖塞里克为汪达尔北非王国的统治者。

445年，政治形势发生了变化。西罗马皇帝瓦伦提尼安三世被罗马贵族佩特罗尼乌斯·马克西姆斯杀害，盖塞里克以此为借口宣布他与罗马的条约无效。盖塞里克声称，条约是他和瓦伦提尼安三世之间的协议，后者不在了，协议也就不存在了。西罗马帝国对这种解释持何种态度是无关紧要的，盖塞里克借此发动了对罗马的入侵，而帝国没有足够的力量阻止他。

下图：445年，罗马沦陷并遭到掠夺，标志着汪达尔的政权到达顶峰。和许多有魅力的首领身后一样，盖塞里克的继任者并不像他一样出色，他留下的王国衰落了。

　　盖塞里克在西罗马帝国的港口奥斯蒂亚（Ostia）登陆，然后向罗马推进。围城只会有一个结局，而且会对双方造成巨大的伤害，所以罗马人允许汪达尔人对城市进行掠夺，只要他们造成的破坏尽可能小。盖塞里克尊重这个约定，虽然汪达尔人对

罗马的洗劫远比通常一座城市被攻下时经历的要温和得多，但他们的名字仍然成了"肆意破坏"的代名词。

罗马在445年遭受的掠夺让拜占庭皇帝无法容忍，他把汪达尔人视为整个地中海地区的威胁。盖塞里克远不是通常意义上那种暴戾无知的破坏者，他懂得军队后勤保障的重要性，而且建立了一个运转良好的情报网络。当得知有一支舰队正在集结并准备攻击他时，他迅速发起进攻，摧毁了该舰队的大部分船只。

> 罗马在445年遭受的掠夺让拜占庭皇帝无法容忍，他把汪达尔人视为整个地中海地区的威胁。

468年，拜占庭再次试图推翻汪达尔的海上霸权，这一次行动是联合西罗马帝国进行的。汪达尔舰队不费吹灰之力就击败了罗马联军，迫使西罗马皇帝接受了与盖塞里克拟定的条约。此后汪达尔王国一直统治着地中海，直到478年盖塞里克去世。

> 468年，拜占庭再次试图推翻汪达尔的海上霸权，这一次行动是联合西罗马帝国进行的。

## 有魅力的首领

魅力和能力在特定个人身上的结合——克洛维、阿提拉、盖塞里克、查理·马特以及其他首领——对早期欧洲历史产生了举足轻重的影响。这些人生前叱咤风云，但他们死后却因继任者才能欠缺而使得大业难竟。

统治者的能力决定了一种文化或一个国家的兴衰，这种模式在整个中世纪早期都很常见。这一特点在战争中表现得尤为明显——国王逃跑或被打败，都可能使得原本胜券在握的军队被击溃。

## 盖塞里克之后的汪达尔人

汪达尔人的势力在盖塞里克时期达到顶峰，他去世后却迅速衰落。内部纷争削弱了王国的实力，也转移了汪达尔人对外的野心。这一时期，拜占庭的查士丁尼皇帝入侵北非。

汪达尔人的国王盖利默并不是盖塞里克这样惊艳的人物。他在拜占庭军队已经从陆路接近迦太基时才后知后觉，盖利默迅速制订计划，打算钳制并摧毁拜占庭军队。他向对手发起了进攻，后世称为特里卡梅伦之战。然而，盖利默的作战计划过于复杂，要依赖极其精确的时间安排，这根本行不通。结果，第一批汪达尔人的军队并没能阻止拜占庭人的进攻，而是被对方暴力解决了，于是汪达尔人的首都迦太基暴露在敌军面前；第二批汪达尔人的军队又被受雇于拜占庭的匈奴骑兵驱散。

如果拜占庭军队没有往前行进，那么盖利默带领的汪达尔军队主力就绕到了拜占庭军队的后方。可是，到达原定位置之后，汪达尔人发现敌人已经离开。盖利默继续追击，却发现迦太基已被攻陷。他包围了被敌人占领的迦太基，拜占庭人寡不敌众，最终被迫出城战斗。虽然汪达尔军队人数更多，但拜占庭骑兵的凶猛让他们感到惊恐。威势之

上图：糟糕的战略和战术决策让汪达尔国王盖利默在战场上频频失利。他逃离战场的举动导致军队崩溃，失败无可避免。

下，主帅盖利默逃离了战场，汪达尔人全面溃败。

534年，盖利默被俘，汪达尔王国就此瓦解。此后，这个国家一直四分五裂，未能再次统一，而且汪达尔王国的残余力量也无力抵抗摩尔人的进攻。汪达尔人的势力或被分散，或与其他民族融合，北非汪达尔王国在历史上也就逐渐消失了。

## 伦巴第人

罗马历史学家在1世纪就知道伦巴第人的存在，虽然他们的记载是基于零散的或完全错误的信息。伦巴第人从斯堪的纳维亚迁移到东欧，沿途不断与其他部落发生冲突。他们在如今的奥地利定居了一段时间，后来又迁移到多瑙河地区。

直到6世纪中期，伦巴第人一直是罗马人坚定的盟友。伦巴第战士与拜占庭军队共同对抗东哥特人，与阿瓦尔人结盟对抗格皮德人。虽然战争取得了胜利，但联盟中阿瓦尔人得到的好处远远超过了伦巴第人，伦巴第人显得黯淡无光。

由于扭转局势无望，伦巴第国王阿尔博因带领他的臣民向罗马迁移。当时，托提拉领导的东哥特势力正在那里大肆破坏。这为他们的迁移创造了机会，阿尔博因可能主动利用了这次机会。也有人说，是罗马官员邀请伦巴第人到罗马定居，不过这种说法存在争议。

自568年起，伦巴第人进入罗马，并在维罗纳建立了一个王国。伦巴第人对帕维亚进行了长时间的围攻，但多数意大利城市几乎没有进行抵抗便投降了。王国建立后，阿尔博因就把他的新领土划分为诸公国，并允许各自的统治者有很大的自治权。结果，伦巴第地区变得支离破碎，饱受内乱困扰，这也分散了它对外部威胁的抵抗力。

因其妻的教唆和煽动，阿尔博因在572年被暗杀。拜占庭帝国曾尝试把意大利作为领土收回，这阻止了已经四分五裂的伦巴第王国进一步分裂。

外敌入侵的威胁促使伦巴第的公爵们选出一位国王来领导他们，584年，奥萨里被推上王位。奥萨里定都帕维亚，其统治一直延续到590年他去世。在位期间，他与法兰克人、拜占庭帝国以及民间叛乱者进行了持续不断的战争。

右图：在占领帕维亚后，伦巴第国王阿尔博因建立了一套公爵领地体系。这导致了随后几个世纪里意大利支离破碎的城邦政治。

　　奥萨里的继任者阿吉洛夫与法兰克人达成和平协议，并采取行动巩固了自己对于众公爵的权力。在拜占庭帝国被其他冲突分散注意力的时候，阿吉洛夫趁机增强了王国的实力，他还使本国避免了困扰其他王国的宗教冲突。虽然在伦巴第王国内部，阿里乌派和尼西亚派基督徒也存在分歧，但相对而言，双方并没有发生直接的冲突或迫害。

　　后来，伦巴第人的民族特征逐渐消失，他们接受了许多罗马帝国晚期的习俗。640年左右，伦巴第王国的势力达到巅峰，控制了意大利北部和南部的部分地区。然而，罗德尔德国王在他父亲死后不久即遭暗杀，致使伦巴第分裂成两个王国：一个以帕维亚为首都，另一个以米兰为首都。双方的冲突持续了许多年，直到柳特普兰德重新统一王国。

　　712—744年，柳特普兰德统治期间，伦巴第得到复兴。与强大的法兰克人的良好关系使王国得以向外扩张，但这只是短暂的全盛时期。柳特普兰德死后，他的继任者希尔德普兰德被拉奇斯公爵废黜。之后，拉奇斯做了一个奇怪的决定，退位并隐居于修道院。756年，他试图重夺王位。

　　拉奇斯向国王德西迪里厄斯发起挑战，他得到了教皇的支持。但德西迪里厄斯成功地镇压了叛乱，并让女儿与法兰克国王查理曼联姻，试图以此来巩固自己的地位。这段婚姻只存在于770—771年，771年，查理曼把她送回家，然后再婚了。

　　当时，查理曼和他的兄弟卡洛曼共同治理法兰克王国，德西迪里厄斯想利用这种不稳定的局面为自己谋取利益。德西迪里厄斯与卡洛曼结盟，企图推翻查理曼。但卡洛曼于771年去世，这一企图最终落空。德西迪里厄斯与教皇阿德里安一世发生了冲突，后者拒绝为卡洛曼的儿子们加冕，也不承认他们在法兰克王国的地位。结果德西迪里厄斯与法兰克人之间爆发战争，他最终败于查理曼之手。尽管此后伦巴第公爵仍旧统治一些地区，但其实伦巴第王国已经结束了。

上图：埃蒙加尔达（历史上更广为人知的名字是德西德拉塔）是伦巴第国王德西迪里厄斯的女儿，在与查理曼结婚一年后被送回父亲身边。随后伦巴第人和法兰克人之间爆发了战争。

## 阿瓦尔人

早在463年，罗马史料中就提到了阿瓦尔人，他们似乎与匈奴人有关。但是，这很可能是对两个不同部族使用了相同的名字，或者是罗马历史学家的误解。有证据表明，阿瓦尔人在被突厥人①击败后，从蒙古高原向西迁移。

也有这样的记载，6世纪中叶，阿瓦尔人出现在黑海以北的大草原上，他们有时充当拜占庭帝国的雇佣兵。阿瓦尔人控制了广阔的土地，最终进入多瑙河地区，取代了伦巴第人。他们的目标可能是在远离突厥的地方建立一个安全的家园，这使得他们在早期与周边部族产生了很多冲突。罗马军队禁止阿瓦尔人向多瑙河以南迁移，于是他们试图绕道北方向西迁移，但被法兰克人击退了。

> 他们的目标可能是在远离突厥的地方建立一个安全的家园，这使得他们在早期与周边部族产生了很多冲突。

在阿瓦尔人进入潘诺尼亚（Pannonia）之前，他们对这两条路线进行了反复尝试，但都失败了。阿瓦尔人与伦巴第人联合起来对抗格皮德人，但这个联盟并不稳固。阿瓦尔人设法使伦巴第人接受了一项完全偏向己方的交易，他们从中获得了巨大的利益。伦巴第国王阿尔博因为了巩固与化敌为友的格皮德人的同盟关系，娶了他们被俘首领的女儿罗莎蒙德（Rosamund）。这为他埋下了祸根，因为罗莎蒙德密谋要杀死他。据说，阿瓦尔人的国王巴彦用罗莎蒙德父亲的头骨做了一个酒杯，并把它送给了阿尔博因。阿尔博因很不明智地强迫他的新婚妻子用这个酒杯喝酒。

与此同时，伦巴第人向西进入意大利，阿瓦尔人因此控制了潘诺尼亚。582年，潘诺尼亚首都西尔米乌姆（Sirmium）落入巴彦的军队之手。与波斯人的战争分散了拜占庭军队的力量，因此阿瓦尔人占据巴尔干半岛

---

① 此处翻译出来的"突厥"一词，以及后文的这个词，原文都是"Gokturks"，我们认为应该是"Gök Türks"。——译者注

长达数年。602年，阿瓦尔人惨败于拜占庭帝国之手，但拜占庭帝国的军队在叛乱和瘟疫的双重打击下也陷入瘫痪，阿瓦尔人这才逃过被彻底摧毁的命运。

阿瓦尔人的力量被大大削弱了，他们的首领巴彦似乎死于大败之前，也可能死于瘟疫。他的继任者才能有限，但他们继续对拜占庭发动战争。阿瓦尔人最初是马背上的游牧民族，但到626年，他们已经有能力派遣海军进攻拜占庭了，虽然并未成功。不久，他们的属民保加利亚人起义，经过一场消耗巨大的战争，阿瓦尔人才重新控制了保加利亚人。阿瓦尔人的衰退仍在继续，而内部纷争加快了这一过程。795年，阿瓦尔人的残余势力试图与法兰克国王查理曼领导下的法兰克人结盟。

一开始，查理曼似乎接受了这一提议，最终他却征服了阿瓦尔人。799年，阿瓦尔人最后一次发

下图：后罗马时代，阿瓦尔人和其他野蛮人有能力制作美丽而复杂的装饰物品。这被认为是文明的标志之一。

动起义，试图维护他们的独立。这次起义被镇压后，阿瓦尔人成为法兰克人的属民。

## 其他日耳曼部落

罗马学者统称为日耳曼部落者，他们之间可能有文化上的联系，也可能没有。随着历史的发展和各个部落群体的迁移，部落之间相互交流融合，这一情况变得复杂起来。诸如汪达尔或哥特这样的名称，其内涵并不明确，而且是在某一特定时期由外族人使用的，所以这个名称可能包含了与该群体成员起源完全不同的人。这些部落很可能把自己定义为拥有当地身份的与其他部落有隶属或联盟关系的个体，而不是某个庞大的日耳曼、哥特或伦巴第民族的一部分。

许多部落是广义的日耳曼移民的一部分，而不是迁移活动主要的参与者，他们甚至觉得自己并没有参与更大的事件。他们仅仅是在寻找一个家园，让自己能够吃饱饭。我们可以这样认为，族人发现自己被卷入了超出首领控制的事件，他们试图最大限度地利用机会，渡过难关。现代学者对这些部落或部落群体知之甚少，因为他们已经在后罗马时代的大动荡中消失得无影无踪。不过，其中一些部落依然在历史上留下了自己的痕迹。

勃艮第人可能与许多日耳曼部落有共同的起源，也许是在斯堪的纳维亚半岛南部。后来他们似乎与其他日耳曼部落一起向南迁移到现在的波兰。塔西佗在公元98年的著作中提到了他们。勃艮第人是当代学者提出的称呼，他们实际是穿越莱茵河的汪达尔人移民的一部分。这支人群只遭遇了来自该地区已经罗马化的部落的微弱抵抗，就在莱茵河西岸定居了。

413年，罗马承认勃艮第人为联盟国，这其实意味着罗马已经无力驱离他们，只是希望能利用他们的兵力而不是与之作战了。勃艮第人逐渐向西迁移，并在垂死挣扎的西罗马帝国政治中占据重要席位。5世纪末，勃艮

## 马镫

虽然对欧洲引入马镫的问题存在激烈的争论，但人们普遍将其归功于阿瓦尔人。马镫可以让骑手站起来用力攻击对手，更重要的是，如果马绊了一跤或骑手在攻击时动作幅度过大，他仍然可以安全地待在马背上。因此，与那些不用马镫而容易脱离马鞍的人相比，使用马镫的骑兵在战场上生存的可能性更大，他们也可以在不靠近敌人武器射程的情况下尽可能深入地靠近对方。马镫并没有给战争带来革命性的变化，但它却有效地增强了骑兵的战斗力。阿瓦尔骑士和后来模仿者的成功，极其生动地展示了这种新装备的功用。因此，没过多长时间，所有的骑士就都有马镫了。

下图：和许多伟大的发明一样，马镫在概念上很简单，但在实际使用时却非常有效。马镫很快成了骑兵的必需品。

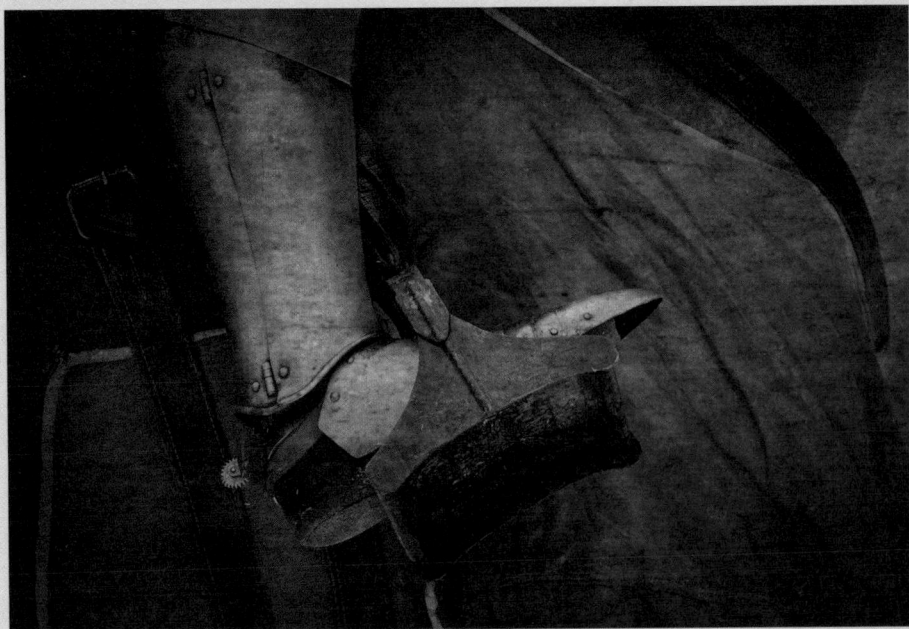

上图：查理曼针对阿瓦尔人的战争，标志着法兰克人从后罗马时代的野蛮王国过渡到中世纪早期的王国。

第国王耿多巴德成为一支所谓的"罗马军队"的将军，但被克洛维一世击败了。

迫于东哥特人的势力，勃艮第人从纳博讷（Narbonne）地区向北推进，他们在里昂和第戎附近保留了一个王国，直到534年被法兰克人征服。此后，勃艮第成为法兰克人的领地，在法兰克人脱离日耳曼部落身份以后的很长时间里，它仍然在法兰克政治中扮演着重要角色。

格皮德人被罗马史学家归入哥特部落，两者

可能有共同的起源。他们最终迁移到达
契亚（Dacia），曾试图在多瑙河以南定
居，但没能成功。格皮德人被匈奴人征
服，阿提拉死后他们开始反抗匈奴人，
希望能独立。后来他们的王国被伦巴第
人和阿瓦尔人的联盟推翻，567年之后，
王国便不复存在了。

　　撒克逊人占领了靠近北海海岸的北
日耳曼地区，他们在罗马时代因沿海掠
夺而臭名昭著。285—286年，罗马指挥
官卡劳修斯打败了撒克逊人，这引发了
一件不寻常的事情——卡劳修斯被指控从
这场战斗中牟取暴利。如果是真的，这
在罗马世界也不罕见；但如果卡劳修斯
被判有罪，他将被处决。于是，他宣布
自己是不列颠一个独立区域的统治者，
并且创立了由当地人组成的海军。他在
293年被暗杀，其统治只维持了几年。

　　撒克逊人（Saxon）的势力从此衰
落，一些部落迁入不列颠，另一些则留
在他们原来的家园。匈奴人入侵对他们
的影响不像其他部落那样严重，他们也没有对欧洲大陆产生重大影响。迁
移到英格兰的撒克逊人创造了那个时代的历史，留在欧洲大陆的萨克森人
则逐渐被法兰克人同化。

　　阿勒曼尼人的范围比较广泛，可能包括苏维汇人。在这个问题上，罗
马史料一如既往地含糊和矛盾。阿勒曼尼人被匈奴人征服并加入了他们的

军队，阿提拉死后，阿勒曼人获得了短暂的独立。
496年，阿勒曼尼人被克洛维一世统治下的法兰克
人征服。虽然不再是一个独立的民族，但他们的遗
产——日耳曼的法语名字依然存在。

上图：一幅19世纪晚
期的版画，展现了4—6
世纪的某段时间日耳曼
部落和匈奴人行军的
场景。

## 阿兰人

阿兰人，或称阿拉尼人，最早出现在公元前1500年左右的印度史料中，其时他们自称雅利安人。雅利安是个形容词，意思是"文明的"。这个名称被各种不同的、可能也不相关的群体使用。阿兰人的祖先向东迁移，在高加索地区建立了自己的家园，在那里他们遇到了后来的保加利亚人。

阿兰人也在其他地方建立了定居点，尤其是多瑙河沿岸。他们早在公元前1世纪就为罗马帝国所知，虽然罗马史学家通常不清楚这些部族的具体身份。高加索地区的阿兰人被匈奴人征服，并作为盟军为匈奴人效力。这使得许多阿兰人部落向西进入欧洲，逐渐与当地人融合。

其他阿兰部落撤退到偏远地区，并且在阿提拉战败后回到高加索，重新拥有了独立的领地。他们的王国延续到中世纪，虽然有时候他们从属于可萨人（Khazar）。965年，阿兰人战胜了被基辅军队击败的可萨人，这些可萨人后来又被蒙古人征服。当然，那个时候，欧洲的黑暗时代已经结束了。因此，高加索的阿兰人国家，是匈奴人西迁后少数幸存下来的蛮族王国之一。今天，阿兰文化的遗存仍然昭示着他们曾经的荣光。

> 高加索的阿兰人国家，是匈奴人西迁后少数幸存下来的蛮族王国之一。

## 保加利亚人

欧洲历史学家所了解的保加利亚人，是里海和伏尔加河周围大草原上的游牧民族。他们最初的家园可能在中亚某个地方。匈奴人战败后，保加利亚人在亚速海附近定居下来。他们曾袭击拜占庭帝国，但后来又作为雇佣兵为拜占庭效力。

保加利亚人在6世纪下半叶与阿瓦尔人发生冲突，人数大为减少。但在库布拉特的领导下，他们东山再起，建立了一个短命的国家。库布拉特去世后，大约在642年，保加利亚人分裂成五个分支。其中一个分支与伦巴第人一起向西迁移，而其他人则融入阿瓦尔人和可萨人之中。保加利亚人控制了伏尔加河流域贸易区中至关重要的河段，直到1200年被蒙古人征服。

现代的保加利亚得名于移民到那里的保加利亚人。他们建立了一个帝国，并与拜占庭帝国结盟。随着时间的推移，保加利亚人融入了当地的人群。当地人大多是斯拉夫人或色雷斯人的后裔。保加利亚人的国家一直延续到11世纪，然后成为拜占庭帝国的一部分。后来它重新以独立王国的身份出现。其最近一次复兴在19世纪末，当时保加利亚已从奥斯曼帝国独立出来。

**下图：** 马可·奥里利乌斯·莫塞乌斯·瓦列里乌斯·卡劳修斯宣布自己成为罗马领土上的不列颠尼亚和山北高卢的皇帝。为了巩固自己的势力，他夺取了布洛涅的罗马舰队，用它来控制不列颠周围的水域。

上图：一部关于9—11世纪拜占庭皇帝统治时期的编年史，由约翰·斯克里兹撰写。它是那个时期流传下来为数不多的与拜占庭有关的原始文献之一。

## 从部落到王国

7世纪，罗马时代晚期的大多数部族已不复存在，但后来出现了现代历史上我们所熟知的诸王国。它们不再是野蛮部族，而是定居的人群，他们建造城市，还修建了伟大的石构建筑。在这些王国文化的某些地方，蛮族血统表现得仍然很明显，尤其在活跃程度和残暴方面。但这不是一个肆意破坏的黑暗时代，这是一个新时代的肇始。

## 雅利安人

"雅利安"（Aryan）一词与"阿里乌"（Arian）截然不同，后者是基督教的一个教派。雅利安的意思是"文明的"或"优越的"，雅利安人以此与他们所认为的未开化的野蛮人区分。一些民族以一种相当自满的方式，用这个词表示他们与生俱来的优越感。这个词和其他许多类似的词一样，在20世纪被"劫持"。它现在的含义相当令人不快，与最初的用法完全不相关。

　　蛮族王国时期见证了现代欧洲的开
端，各部落人群定居的地方基本也是今
天他们生活的地方。随着王国的融合，
语言不断演变并具有区域特色，后来
者的语言中也加进了拉丁语的词汇和习
语。这就能够理解为什么现代欧洲许多
语言具有相似之处——征服者到来时，
法兰克、意大利和伊比利亚都居住着一
直说拉丁语的人。当地语言和外来语言
的融合，开启了现代法语、意大利语和
西班牙语的演化进程。

　　法兰克人最终成为大移民的胜利者，建立了
一个强大的国家。然而，这种胜利也是要付出代价
的。法兰克王国进一步分裂，而且王国内部也并不
总是和平的。其他一些国家失去了自己的名字和部
分文化，但以新的身份出现在中世纪的舞台上。虽
然并不存在名为东哥特或汪达利亚（Vandalia）的
中世纪王国，但这些部族的居民对中世纪欧洲发展
的影响却是深远的。

**上图：** 法兰克国王查理
二世也是意大利国王，
是所谓的"罗马人的国
王"，我们现在称之为
神圣罗马帝国皇帝。在
这里，罗马的意思是
"欧洲的文明人"，而
不是原来罗马帝国的
延续。

# 第 3 章

# 卷入欧洲事务的不列颠群岛

不列颠群岛见证了一系列的入侵，最早的入侵可追溯到最后一次冰河时代末期冰川消退之时。一波又一波的人陆续来到这里，带来了他们的文化和语言。有时候，他们甚至会取代这个地区的原住民。所以，并不是直到诺曼征服，英国统一才成为可能。此前早有征兆。

随着冰川的消退，以狩猎、采集为生的人们穿过一座大陆桥，从逐渐被海水淹没的欧洲来到不列颠群岛。同样，可能也有一座大陆桥让人们可以进入爱尔兰。后来海平面上升，进入不列颠的通道被切断了。当不列颠群岛不再与欧洲大陆相连，当地的文化与欧洲大陆的文化就出现了差异。不过，不列颠群岛并不是完全孤立的。

穿越狭窄的海域到达欧洲不是一件容易的事，但是不列颠和欧洲海岸的部族仍然保持着联系。贸易带来的不仅仅是商品和贵金属，每一次贸易探险都伴随着思想和文化的交流。武装冲突则促进了新

**前页图：** 一幅15世纪的作品，表现了罗马入侵英国的场景。画面中身着板甲的士兵配备了中世纪武器。那个时代对历史没有科学的研究，人们通常认为，事物从古至今大致是一样的。

的武器和战术的传播。

　　当罗马人第一次冒险进入不列颠群岛时，这里大部分区域已被凯尔特人占领。他们到达的时间远比罗马人要早，而且取代了当时岛上的原住民。与欧洲大陆的凯尔特人一样，不列颠凯尔特人也是组织松散的部落和部落联盟，没有形成统一的国家，而且相互之间经常有摩擦。

　　罗马人对不列颠的征服是政治、经济和武力的结合——简而言之，是一种典型的罗马方式。一些

**右图**：一堵墙需要有人防守，才能成为敌人的障碍。但是一套高效的信息传递系统，可以确保帝国把增援部队派往哈德良长城任意一处受威胁的区域。所有经过这里的军队，都不可能瞒过墙后面的驻军。

部落积极寻求加入罗马帝国，或者先是静观其变，随后成为帝国的盟友，以避免被帝国征服；另一些部落则选择抗争或试图与这群后来者保持距离。但不列颠最终还是被征服了，并开始罗马化。

罗马探险家或士兵是否曾踏足爱尔兰还存在争议。但他们确实曾试图征服苏格兰。这次行动顶多取得了部分成功。罗马史学家塔西佗怀着钦佩之情记录了苏格兰人的勇敢和残暴。塔西佗认为，他们相当于欧洲大陆上高贵而独立的高卢人，直到罗马帝国征服了他们。他还指出，尽管苏格兰人在战斗中可能一再失利，但他们只是隐匿到了乡间，日后肯定会卷土重来。他认为，哪怕只剩下几个苏格兰人，只要他们团结在一起，罗马帝国就永远无法控制他们的家园。

这种对苏格兰人的警惕可能在帝国高层也得到了呼应。罗马帝国边界上的第一个永久性防御工事就是沿着苏格兰南部修建的，罗马后来还建造了更著名的哈德良长城和安东尼长城（Antoninus Wall），这意味着帝国承认它在不列颠群岛的扩张已达到极限。但这些城墙不足以将苏格兰人挡在不列颠之外，这只是罗马采取的一系列措施中的一部分。这些措施包括与北方的部落建立良好关系，使它们能够在对苏格兰的战争中作为缓冲。

## 后罗马时代的不列颠

在罗马时代，一些后来成为英格兰组成部分的部族，都被不同程度地罗马化了。这也意味着它们处在罗马文化的辐射范围之中。罗马帝国从世界各地为其军团和辅助团征募战士。在某些情况下，罗马帝国会允许反叛者在遥远的行省服役，作为死刑之外的选择。萨尔马提亚的一个骑兵团就有这样的经历，有人认为这个团可能是亚瑟王骑士传奇的起源。

> 在某些情况下，罗马帝国会允许反叛者在遥远的行省服役，作为死刑之外的选择。

一些士兵和官员会在兵役结束后留下来与当地人通婚，以罗马—不列

## 亚瑟王传奇

亚瑟王的传奇故事历经几个世纪的演变。故事的主角是一位名叫亚瑟的军事首领——而不是国王，早期的作品称他为巴顿山之战的英雄。后来人们认为这个传说可能有其他起源，比如后罗马时代的骑兵指挥官和部落首领。蒙默思的杰弗里在1136年左右撰写的《不列颠诸王史》（*Historia Regum Brittanniae*），可能是我们熟知的现代亚瑟王故事的开端。

蒙默思的杰弗里的作品部分基于英国历史，它通过各种各样的虚构人物，将亚瑟王和各种真实人物的家系追溯到一个名叫布鲁图斯（Brutus）的特洛伊/罗马英雄。意料之中，蒙默思的杰弗里的《亚瑟王传奇》（和后来的版本一样）充满了从威尔士神话中借鉴来的概念和时代错误。

现在《亚瑟王传奇》仍然很受欢迎。尽管不断有人试图重塑"真正的亚瑟王故事"，但它本身不过是从零碎的历史记录中分离出来的小说而已，而且这些历史记录本身的真实性也存在各种疑问。

左图：《亚瑟王传奇》很可能是一个完全虚构的故事，其灵感来自许多历史人物。

颠的方式抚养他们的孩子。其他影响更多是在风俗习惯方面，罗马人做事是卓有成效的。即使帝国瓦解了，人们也可以沿用之前的行事方式，而不是发明一种新的建筑方式或者商业模式。因此，即使崩溃的帝国抛弃了罗马式的生活方式，它仍在不列颠延续着。

410年之后，霍诺里乌斯（Flavius Honorius）①皇帝下令让不列颠人民"自行防卫"，这段时期算得上是不列颠黑暗时代的候选期之一了。这一时期不仅鲜有文字留存，整个社会也动荡不安。这期间，城市衰落，建造房屋的材料从石头变成了木头，人们甚至回到了传统的凯尔特山堡。

我们知道，这时罗马硬币仍在流通，而且几乎没有发行新货币，这也不足为奇。与欧洲大陆的贸易似乎在短期内有所增长，货物通常包括日常用品和奢侈品。5世纪早期，帝国似乎经历了一段艰难时日，但它终会恢复元气。然而到了5世纪末，很明显不列颠人只能靠自己了。凯尔特文化的许多元素披着罗马文化的外衣重新出现了。旧的部落分支和新的派系让不列颠人分裂成多个区域政治体，并拥有各自的首领，冲突自是不可避免。除了内部争斗，不列颠人还面临其他部族的威胁，来自北方的皮克特袭击者（Pictish raiders），

> 旧的部落分支和新的派系导致不列颠人分裂成多个区域政治体，并拥有各自的首领。

以及从东南部登陆并占据了一片领土的日耳曼部落。

## 盎格鲁-撒克逊大移民

人们认为盎格鲁-撒克逊人到达英国是"入侵"行为，从某方面讲这是正确的。因为他们在很大程度上是不受当地人欢迎的，而且这个过程包含了暴力。然而，他们对英国东南部的占领更多的是一种迁移行为，而不是蓄意进攻。新来者大多是撒克逊人、盎格鲁人和朱特人，他们从现在的

---

① 霍诺里乌斯是一位西罗马帝国皇帝，395—423年在位。——译者注

上图：尽管不列颠人恳求罗马军队留下来保护他们，但罗马皇帝霍诺里乌斯还是将军队撤走了。

丹麦、德国北部和荷兰出发，穿过北海南部到达不列颠。他们熟悉这些海域，多年来一直以突袭者的身份在那里活动。有些海上远征是针对已经遭受过多次打击的特定目标。有时候全家人都会成为突袭者，他们或者占据土地建造定居点，或者在赶走当地居民后接管他们的土地。

随着时间的推移，撒克逊海岸的人口不断增长，一部分是新生儿，另一部分是陆续抵达的新家庭。新来者向内陆推进，以寻求更多土地。这加剧了他们与不列颠人的紧张关系，并不时引发暴力冲突。但撒克逊人并不是不列颠统治者面临的唯一威胁，所以不列颠人决定利用撒克逊人，而不是与之交战。这是罗马人遗留下来的方法还是不列颠统治者自己想出来的主意，我们并不清楚。但无论如何，这件事之后都严重偏离了既定方向。

　　这一时期几乎没有留存下来的作品，后来的资料也零零散散，可能还带有很大的偏见。但似乎存在一位不列颠统治者——通常被称为沃蒂根（Vortigen）。他授予撒克逊人土地，作为回报，撒克逊人要服兵役。根据现存的记载，449年，沃蒂根安排撒克逊人的首领亨季斯特和霍萨协助他对付皮克特人。但他们背叛了沃蒂根，此举严重削弱了他的王国。不夸张地说，这一时期的记载是不可靠的。比如，一个名叫亚瑟的军事首领，靠着武器上各种神圣铭文的帮助，单枪匹马地杀死了大量撒

下图：亨季斯特和霍萨是撒克逊人入侵不列颠的传奇领导者。霍萨死于455年的一场战斗，而亨季斯特在现在的肯特郡地区做了国王。

## 沃蒂根

我们对这段历史知之甚少。沃蒂根在早期威尔士作品中被称为格洛瑟恩（Gwrtheyrn）。他还出现在一些虚构性很强的作品中，如作为早期亚瑟王传奇的一部分出现在《不列颠历史》中。但是早期编年史家带着偏见，后来的编年史家又发挥了太多想象，严重扭曲了他的生平事迹。不过，沃蒂根似乎确实是一个真实存在的历史人物。

现存的作品中，有一部出自6世纪中叶的吉尔达斯之手。根据吉尔达斯的说法，沃蒂根非常强大，他自称不列颠的至尊王。然而，这并不意味他掌管统一国家的人民，只是表明沃蒂根把自己置于其他不列颠统治者之上。我们也不清楚有多少人认可他的地位。

左图：国王沃蒂根希望利用撒克逊入侵者来对付其他敌人，他在449年与亨季斯特和霍萨签订了条约。

克逊人，而且敌人的数目精准得令人生疑。不过，可以肯定的是，撒克逊人在4世纪早期建立了自己的国家，他们的国家是后世英国政治版图的一部分。

一些资料显示，当时保卫不列颠、抵抗撒克逊人的行动是由罗马人后裔安布洛修斯·奥雷连诺斯（Ambrosius Aurelianus）领导的。传说撒克逊人在巴顿山之战中惨败，但这场战役的地点和时间仍存争议。不列

## 巴顿山之战

传统观点认为，撒克逊人（以及由此类推的盎格鲁人、朱特人和他们的盟军）在490—500年的巴顿山之战中遭遇惨败。但这件事几乎没有明确的证据——战场位置不为人知，甚至参与者的身份也不明确。后世流传的故事中，亚瑟王几乎完全依靠神力，粉碎了撒克逊人的进攻。但实际上，关于这场战役唯一能确定的就是，盎格鲁-撒克逊人的扩张在一段时间内被遏制了，这场冲突也的确发生过。这一切并非不可能——在某个地方发生了一场"巴顿山之战"，盎格鲁-撒克逊人遭到沉重的打击，需要几十年才能恢复过来。

右图：在罗马入侵之前，高山堡垒在不列颠很常见，其中一些在四百年后被重新使用。这些地方是长期有人居住还是在需要时作为避难所，尚存争议。

颠人一定取得了某种胜利，因为撒克逊人的威胁暂时减弱了。但是，在6世纪，新一批的撒克逊人开始涌入不列颠王国。

## 诺森布里亚

当日耳曼入侵者在英格兰东南海岸定居并向附近的地区推进时，不列颠的其他地方也出现了本土王国。不列颠北部的不列颠尼亚行省首府——

爱波罗肯（在约克郡），在罗马人放弃不列颠群岛后仍然是行政中心。但是这个城市在衰落，常住人口也在减少。

随着人口向周围部落迁出及人口数量的普遍下降，一旦罗马文化元素的装饰被移除，不列颠就明显向着古老的部落生活方式回归。这个过程在北方进行得更快，带有凯尔特风格的北不列颠王国出现了。到470年，王国已四分五裂，爱波罗肯的统治者在几个国王中处于领导地位，但对其他人没有正式的支配权力。

547年，盎格鲁人占领了一个名叫贝雷纳恰（Berenaccia，或称伯尼西亚Bernicia）的王国。559年，另一个盎格鲁王国德伊勒诞生了。尽管现在的约克郡地区在当时已经允许一部分撒克逊人定居，但该地区一直不曾受到日耳曼移民的影响。大约在580年，爱波罗肯

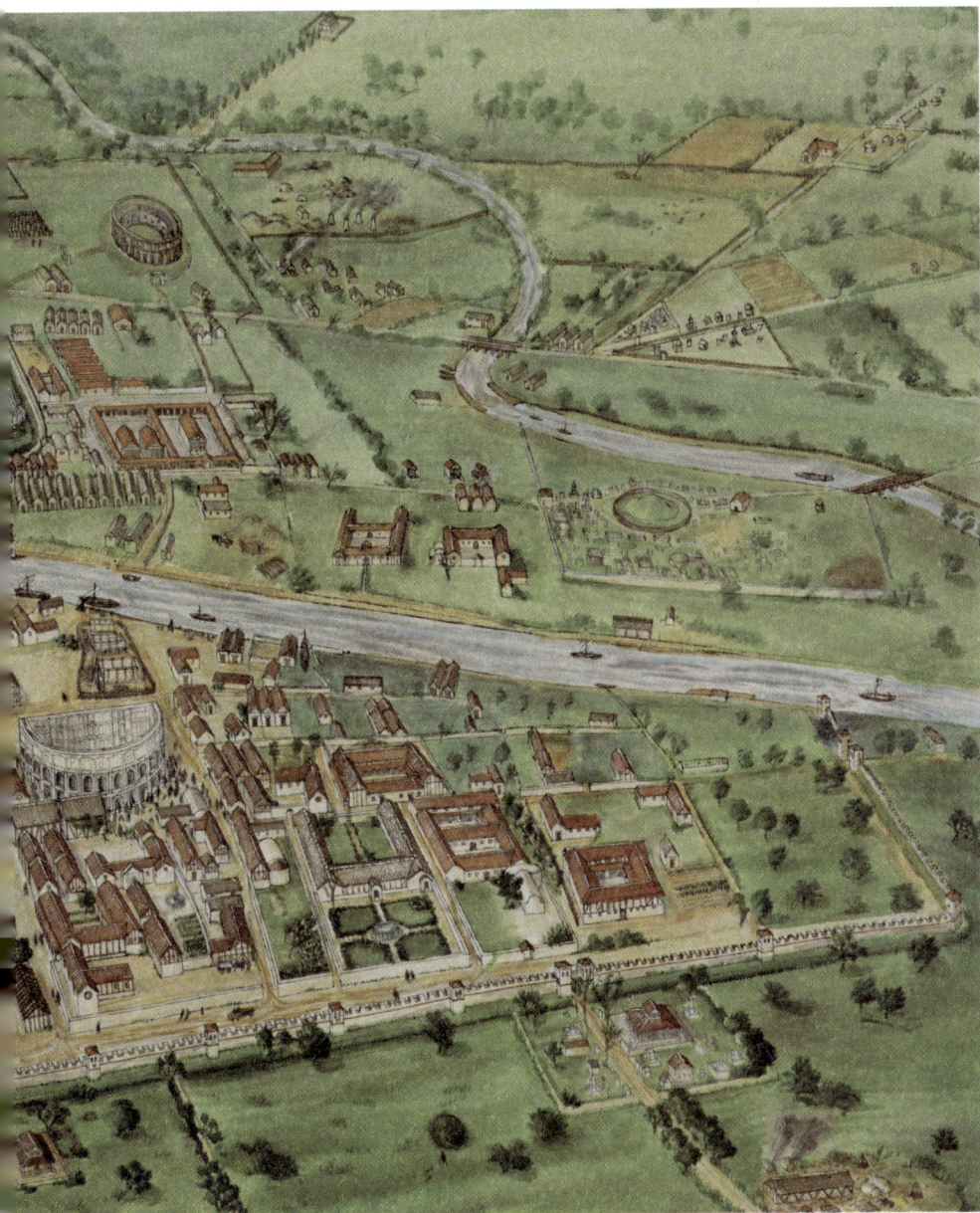

上图：爱波罗肯城建于公元71年左右，当时是罗马军队的营地。关于这座城市，后人更熟悉的名字是约维克和约克。它曾是不列颠尼亚行省首府，也是几个世纪间军事行动的主要目标。

上图：在切斯特之战后，国王埃塞尔弗瑞斯下令处死敌人身边的修士。

被盎格鲁人占领，他们在此建立了一个王国，这就是后来的诺森布里亚。

"诺森布里亚"这个名字取自"亨伯河以北"，这条河形成了王国的南部边界。伯尼西亚和德伊勒两地在最初的几十年里一直冲突不断，直到604年才被伯尼西亚国王埃塞尔弗瑞斯统一。但这并没能阻止内部分裂持续地削弱王国的力量。埃塞尔弗瑞斯试图把德伊勒地区的一些居民安置在伯尼西亚，以此来对抗这种分裂。王国的外部威胁也很多，尤其是南部扩张中的麦西亚王国。

埃塞尔弗瑞斯可能死于616年。他死后，被剥夺了继承权并在东盎格利亚流亡的埃德温王子寻到了回国的机会。埃德温控制了他的故乡德伊勒以及半统一的王国。他是一个有能力的领导者，进一步

## 诺森布里亚的宗教

尽管遵从凯尔特习俗的基督徒和遵从罗马习俗的基督徒之间关系紧张，但诺森布里亚仍然是基督教的中心之一。两派的紧张关系引发了内部冲突，促使诺森布里亚国王奥斯威主持召开了664年的惠特比会议。这次会议之后，诺森布里亚王国开始接受基督教中的罗马习俗。这一事件对基督教的发展具有重大意义——如果不是奥斯威，英格兰早期教会的一些主要人物可能就是遵从凯尔特习俗的基督徒了。

下图：惠特比会议是不列颠教会史中的一件大事。后来，凯尔特教会衰落，罗马教会开始主导不列颠的宗教。

扩张了诺森布里亚的版图，这引起了他的邻居麦西亚和威塞克斯的重视。

有关记录是零散的。冲突发生在哪里甚至是否发生过，文献方面也存在分歧。不过，有一场冲突是确实发生了的。麦西亚人尝试暗杀埃德温，之后又背叛了前盟友威塞克斯，不过这些行为都严重受挫。之后他们又联合威尔士的卡德沃隆（Cadwallon）向诺森布里亚进军。

后来，埃德温在战场上被杀死，诺森布里亚的势力大大削弱。他的继任者，埃塞尔弗瑞斯的儿子奥斯瓦尔德在军事方面并不出彩，但他取得了另一

下图：建于657年的惠特比修道院被丹麦人摧毁。现在的遗存是1078年重建的，时间在诺曼征服之后。

种形式的胜利。埃德温是第一个成为基督徒的诺森布里亚国王，他与异教的麦西亚人和威尔士人作战，因而被尊为基督教"圣人"。

奥斯瓦尔德死后，诺森布里亚再次分裂。他的弟弟奥斯威继承了伯尼西亚的王位，德伊勒则属于埃德温的表弟奥斯温的儿子。之后，这帮亲戚彼此敌对，原因不甚明了，可能宗教信仰不同。不管原因是什么，结果都很清楚，奥斯威在654年暗杀了奥斯温，并重新统一了诺森布里亚。

奥斯威随后袭击了麦西亚，在655年杀死了麦西亚国王彭达。他把王国的北部据为己有，把其余的土地分给彭达的儿子皮阿达。皮阿达死后，

## 《盎格鲁-撒克逊编年史》

关于不列颠群岛后罗马时代的历史，我们所知的大部分内容都来自《盎格鲁-撒克逊编年史》——一部可以追溯到9世纪的著作。它记录的并不是一个时期的完整历史，而且有些地方带有明显偏见。但它与少数其他手稿一起流传下来，有非常重要的历史意义。

由尊者比德所著的《英国人教会史》，是这一时期另一部伟大的历史著作。意料之中，这本书围绕着宗教问题书写，这就使得《盎格鲁-撒克逊编年史》成为唯一一份记录非宗教事件的资料。

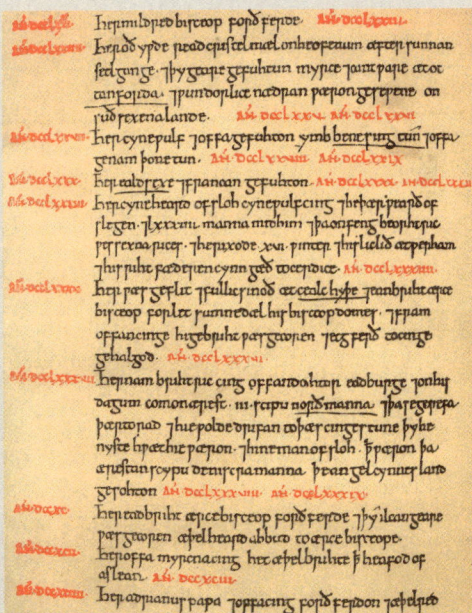

上图：《盎格鲁-撒克逊编年史》有多份抄本，这使得它能够流传下来。

奥斯威短暂地控制了整个麦西亚，但最终被赶回诺森布里亚与麦西亚的旧边界。

有一种观点认为，诺森布里亚王国建立于654年，在奥斯威统治时重新统一，而非在这个世纪早期才首次统一。到660年，它已成为不列颠最强大的王国。然而，强权并不等于稳定。这个强大的家族不断内讧，一任任国王相继登上王位，很快又被对手赶下台。

829年，诺森布里亚因内部分裂实力受损，成为威塞克斯国王爱格伯特的属地。此时，诺森布里亚被北欧人的突袭困扰，后来突袭升级，变成了全面的入侵。867年，互为死敌的伯尼西亚和德伊勒统治者握手言和，这段和平期持续了相当长的时间，足以让他们的军队联合起来对抗北欧入侵者。但他们在约克战败了。此后，诺森布里亚时而归属北欧王国，时而独立。再后来，诺森布里亚在英格兰国王爱德瑞德（Eadred）在位时并入其王国。

## 麦西亚

在后罗马时代的大部分时间里，麦西亚王国是亨伯河以南最强大的国家。它由一个半传奇的日耳曼人伊塞尔建立，时间可能早至515年，不过更普遍的观点是527年。伊塞尔和他的追随者通过东盎格利亚到达今天的米德兰（Mildlands）境内，并在一段时间内掌控了那里。然而，580—590年，国王克罗达将这些土地让给了居住在那里的日耳曼人，这成为东盎格利亚王国的基础。

麦西亚的扩张引发了与诺森布里亚的冲突。尽管像其他事件一样，资料不甚明确，但麦西亚军队很可能曾经卷入616年的切斯特之战。在这场战役中，诺森布里亚人击败了一支威尔士军队（是否有麦西亚盟军，存疑）。628年，麦西亚大举入侵威塞克斯，吞并了大量领土，随后击败诺森布里亚，杀死了国王埃德温。击败诺森布里亚后，麦西亚的领土进一步扩张。同时，他们在王国西部也有所斩获。

麦西亚的胜利并没有持续下去。一个重新崛起的诺森布里亚在信奉基督教的国王奥斯威的指挥下，打败并杀死了麦西亚的国王彭达。彭达的儿子皮阿达被允许保留半个王国，并成为一名基督徒。之后，皮阿达的统治被彭达的另一个儿子伍尔夫赫尔推翻。伍尔夫赫尔还对威塞克斯发动了战争。他在675年的贝德温之战中被击败，丢失了威塞克斯一部分领土。不久，伍尔夫赫尔去世，可能是生了重病。他的弟弟埃塞尔雷德一世继承了王位，在位期间重创诺森布里亚人，并利用这一优势来谈判边境协议。埃塞尔雷德一世娶了奥斯威王的女儿奥斯瑞斯（Osthryth），麦西亚与诺森布里亚的关系因此得到改善。

尽管身处种种阴谋之中，包括妻子在697年被谋杀，埃塞尔雷德一世在位期间还是成功地开创了一段长久的稳定期。甚至在他死后，这个稳定

> 尽管身处种种阴谋之中，包括妻子在697年被谋杀，埃塞尔雷德一世在位期间还是成功地开创了一段长久的稳定期。甚至在他死后，这个稳定期仍然存在。

期仍然存在。他死后的历史不甚明晰，直到757年奥法登基。奥法为了登上王位，推翻了博恩雷德（Beornred）的统治，这件事对他来说毫不费力。他利用肯特王国的内乱，成功地发动了一次入侵，而且他在外交方面的措施也卓有成效。

奥法的女儿嫁给了威塞克斯国王贝奥赫特里克，奥法因此控制了威塞克斯。这一时期，麦西亚的使节还与欧洲大陆上强大的法兰克王国保持联系。另外，虽然也使用了暴力，但麦西亚兵不血刃就得到了东盎格利亚。这一事件有不同的说法。可能是在一次皇家访问中，奥法背叛了国王埃塞尔伯特；也可能只是在麦西亚控制了东盎格利亚后，奥法下令杀死了他。

麦西亚与威尔士的关系则更加混乱。我们都知道，奥法与威尔士人之

上图：国王奥法被尊为不列颠共主，是凌驾于英格兰所有统治者之上的至尊王。他建造的伟大的土方工程奥法堤可能是一个边界标记，而不是防御工事。

间爆发过几次冲突，奥法堤（Offa's Dyke）更是广为人知。有的人认为，奥法堤是阻挡威尔士人的防御工事，但当时关于这条堤坝用途的记录没有保存下来。它可能只是一个过度张扬的边界标志，意在提醒潜在的威尔士入侵者，他们想要进入的是不列颠最强大的国王的领土。

奥法统治时期是麦西亚的高光时刻，之后它就衰落了。叛乱、暗杀和外部威胁削弱了这个王国的实力，825年，一支来自威塞克斯的军队击溃了麦西亚政权。威塞克斯国王爱格伯特带走了麦西亚的大部分财产，而残留的一小部分财产也不能发挥实质性作用了。不过，此后麦西亚依然存在了足够长

## 艾兰敦之战

825年是不列颠群岛历史上的一个转折点。这一年，麦西亚和威塞克斯之间爆发艾兰敦之战，结束了长期的敌对状态。关于这场战争的细节材料很少，甚至战场位置也有待确认。可以确定的是威塞克斯国王爱格伯特重创麦西亚的伯恩伍尔夫，占领了麦西亚的领土，为成功入侵萨塞克斯、埃塞克斯和肯特打开了通道。东盎格利亚随后也脱离了麦西亚的控制。在艾兰敦之战结束后的第四年，诺森布里亚国王承认爱格伯特为霸主，爱格伯特成为全英格兰的国王。

的时间，并且抵挡住了早期北欧人对不列颠的入侵。874年，"维京雄狮"（the Great Heathen Army）横扫麦西亚，北欧人占领了麦西亚的一部分领土，还扶植了一个傀儡国王统治剩余部分。

后来，阿尔弗雷德大帝崛起，成为北欧人的有力对手。麦西亚顺势与阿尔弗雷德大帝结盟，麦西亚人在北欧人的进攻中遭受了巨大损失，但这也促成了阿尔弗雷德的胜利。麦西亚在实行阿尔弗雷德的防御战略后，国力有所恢复，但最终在918年左右被威塞克斯吞并。

### 威塞克斯

威塞克斯是著名的神秘人物塞迪克酋长在519年建立的撒克逊王国。很多史料都提到了塞迪克，但通常都是片面或相互矛盾的记载。有观点称他曾与传奇的亚瑟王战斗过，甚至他就是亚瑟王本人，但这似乎不太可能。人们对塞迪克和他的生平知之甚少，但早期的威塞克斯王国在他们国王的统治下渐渐繁荣、壮大。

威塞克斯与诺森布里亚关系紧张，于是企图暗杀诺森布里亚国王埃德

> 威塞克斯与诺森布里亚关系紧张，于是企图暗杀诺森布里亚国王埃德温。事情败露后，两国公然宣战。

温。事情败露后，两国公然宣战。威塞克斯可能与麦西亚结成了联盟，他们的联军向北推进，与诺森布里亚军队交战，但被彻底击败。军事上的失败削弱了威塞克斯的国力，麦西亚趁机对其进行打压。接下来的一段时期，威塞克斯不过是一些小王国的松散集合，几乎不存在中央权力。

674年左右，王国开始复兴。在几任国王的努力下，威塞克斯重新统一，收回了被麦西亚占领的领土。统一王国的最后一位国王是凯德瓦拉，他在自己征服的土地上用严酷手段对待异教徒，这赢得了基督教会的好感。凯德瓦拉在他生命快要终结的

右图：威塞克斯首任国王塞迪克是一个半传说性人物。他历尽艰辛，为自己的人民缔造了一个家园，建立起西撒克逊王国。532年，他的加冕仪式在温切斯特举行。

时候退位，前往罗马，在那里度过他最后的日子。他死后，王国很快就分裂了。

　　威塞克斯一直命运飘摇，直到786年贝奥赫特里克登基。他得到了麦西亚奥法王的支持，其统治一直持续到802年。贝奥赫特里克从婚姻中受益，与麦西亚建立了紧密的联系，他也因此挫败了被驱逐的爱格伯特夺权的企图。他的妻子是被艾德伯尔（Eadburh）毒死的。贝奥赫特里克死后，爱格伯特从他避难的法兰克王国返回。他在法兰克国王查理曼的支持下登上王位，并蓄谋与麦西亚开战。

　　825年，爱格伯特做好了充分的战争准备。他

上图：685年，凯德瓦拉夺得威塞克斯的王位。在位期间他领导了一场对萨塞克斯、肯特以及怀特岛的战争。

在对麦西亚人的军事行动中取得了一系列的胜利，占领了大片土地，使得威塞克斯更为强大。《盎格鲁–撒克逊编年史》称爱格伯特为不列颠的统治者。麦西亚人试图夺回被侵占的领土，爱格伯特挫败了他们的计划，让自己的儿子埃塞尔沃夫（Aethelwulf 或 Ethelwolf）统治麦西亚。诺森布里亚承认了爱格伯特的霸权，从而消弭了爱格伯特可能发动的兵祸。

爱格伯特死于839年，继任者是埃塞尔沃夫。埃塞尔沃夫在位期间，不得不应对早期的北欧海盗袭击。在接下来的几十年里，这些袭击加剧，升级成全面入侵，但最初的入侵规模很小而且相对容易击退。在各种文献中，埃塞尔沃夫都是一位明智的统治者，懂得听取出自可信之人的金玉良言。但一些编年史家认为他太热衷于谈判和妥协，过多地参与宗教事务而忽略了王国事务。事实上，他留给儿子们一个稳定而强大的王国。

**下图**：国王爱格伯特（左）重新建立了强大的威塞克斯王国；他的儿子埃塞尔沃夫在位时，国力进一步提升。威塞克斯因此成为北欧入侵不列颠群岛的主要反抗者。

　　埃塞尔沃夫的儿子埃塞尔巴德（Aethelbald）继承了王位，在位两年后去世。王位传给他的兄弟埃塞尔伯特，其在位时间是860—865年；接着王位由另一个兄弟埃塞尔雷德一世继承。这时，北欧人的袭击已经变成了入侵，大批军队开赴战场。埃塞尔雷德一世的抵抗偶尔能够成功，但之后又屡屡失败。

## 阿尔弗雷德大帝

　　871年，埃塞尔雷德一世死后，他的弟弟阿尔弗雷德登上王位。当时的情况非常糟糕，英格兰的大部分地区都在北欧人的控制之下。东盎格利亚、麦西亚和诺森布里亚都沦陷了，威塞克斯面临的形势也非常严峻。阿尔弗雷德采取了游击战的策略，他在878年的埃丁顿之战中重创了北欧人。这次胜利后，双方就边境问题进行了谈判。此后，阿尔弗雷德大力加强王国的防御，否则协议也不可能一直有效。

　　陆军方面，阿尔弗雷德实施了新的服兵役规定。这提高了军队的战斗力和机动水平，使他们能迅速赶赴作战地点。为了应对北欧人袭击，他建立了一个名为"自治市"的坚固的城镇防御

下图：至少在一段时间内，阿尔弗雷德大帝击败丹麦首领古特鲁姆，阻止了北欧人向西方的扩张。可以说，阿尔弗雷德避免了北欧人完全征服英格兰。

## 盎格鲁-撒克逊战士

盎格鲁-撒克逊战士以典型的日耳曼步兵风格作战。一个贵族或国王会有几名私兵，他们是专业的战士，会装备最好的盔甲和武器。其余的作战人员根据需要增添，即使这些人不是职业战士，他们也可能已经在（早先经历的）战斗中积累了丰富的经验。

长矛和斧头是首选的武器，此外还有标枪。一把剑或一把撒克斯（seax）——本质上是一把非常大的刀，或者一把小一点的匕首，则是次要选择。大多数战士只有一个盾牌来保护自己，富有的人会使用锁子甲和头盔，前提是他们能负担得起。

他们用最基本的战术。首领以身作则，士兵则要通过无畏的壮举来表现他们的勇气。双方先以标枪和箭投射对方，然后发起冲锋，最后以激烈的混战决定胜负。在这种情况下，无论哪一方先动手，伤亡人数都要比一场没有结果的小冲突高得多。

下图：大多数情况下，盎格鲁-撒克逊战士的装备都很简单，长矛仍然是主要的武器。

系统。虽然这些城镇无法抵挡一支主力军队的进攻，但它们可以拖住一支大型突袭部队前进的脚步。这样北欧人就失去了容易得手的目标，而阿尔弗雷德的军队则有了坚固的基地。

另外，阿尔弗雷德还建立了一支舰队，这减轻了北欧人在海岸登陆或通过河流潜入内陆的威胁。北欧船只的优势是在开阔水域长时间航行，而这支舰队船只的优势是良好的适航作战能力。事实证明，这支舰队在战场上颇具成效，北欧人不能再随心所欲地袭击阿尔弗雷德的军队了。于是，阿尔弗雷德可以集中精力对付主要威胁，而不是徒劳地追击已经准备返回船上的袭击者。阿尔弗雷德大帝不仅捍卫了英格兰人的王国，而且在北欧异教徒面前捍卫了基督教信仰。他首次团结了与英格兰国王政见不合的国王，一起面对共同的敌人，这是英国国家统一的开端。阿尔弗雷德也是一位立法者，他明白，维持有效的统治需要相应的智慧和制度。历史学家夸大了他的传奇，但他的虔诚、智慧和组织能力让世人钦佩。后世许多人以他为楷模。

> 阿尔弗雷德大帝不仅捍卫了英格兰人的王国，而且在北欧异教徒面前捍卫了基督教信仰。

## 东盎格利亚

东盎格利亚王国出现在571年左右。此前一个世纪，盎格鲁人逐渐控制了该地区，此外还有大量的撒克逊人在罗马时代晚期定居于此。这里南方和北方的人联合建立了一个强大的王国，王国有过荣耀，也曾不可避免地衰退。盎格鲁人很富裕，国王和贵族的墓葬中有非常贵重的随葬品。通过萨福克郡的萨顿胡（Sutton Hoo）墓葬的随葬品，考古学家可以了解盎格鲁人和他们的日耳曼同胞的生活方式以及复杂的金属加工技术。

本土王国与来自欧洲大陆的新居民之间的事务，远比单纯的本土英格兰人与盎格鲁–撒克逊人之间的分歧要复杂。东盎格利亚是那个时代政治

上图：这顶头盔是7世纪的东盎格利亚萨顿胡宝藏的一部分。宝藏的主人声名显赫，可能是位国王。丰厚的随葬品意味着这里曾经有一个强大而繁荣的王国。

游戏的参与者，它主导的联盟超越了文化之间的差异，不会受其困扰。成为诺森布里亚国王之前，埃德温曾流亡东盎格利亚并得到庇护。诺森布里亚的埃塞尔弗瑞斯试图贿赂和强迫盎格鲁人，让他们杀死埃德温。东盎格利亚人却站在埃德温一边，帮助他击败了埃塞尔弗瑞斯，夺取了诺森布里亚的王位。

左图：埃德温的妻子是来自肯特郡的爱瑟堡公主，她是一位基督徒。在她的影响下，埃德温改信了基督教，传教士波莱纳斯为他举行了洗礼。这使诺森布里亚正式成为一个基督教王国。

上图：埃塞尔斯坦国王统治时期发行的硬币，以此宣告他是全英格兰的国王。王国律法严明，并且对造币厂实行严密控制，此举意在加强经济实力。

埃德温非常感激东盎格利亚人，也对他们做出了回报。但这也带来了新的问题。东盎格利亚国王奥普瓦尔德（Eorpwald）皈依了基督教，但是并非他所有的臣民都乐于接受这件事。他被兄弟里克特伯特（Richtbert）杀死。里克特伯特使王国改回了原来的信仰，直到奥普瓦尔德的另一个兄弟西格伯特（Sigeberht）继承王位，东盎格利亚人才再次回归基督教——至少在官方层面如此，而地方宗教习俗的改变比国王接受洗礼要慢得多。

645年，另一位被驱逐的国王在东盎格利亚得到了庇护。他是威塞克斯的森沃尔赫，被麦西亚的国王彭达赶下了王位。史料记载，森沃尔赫在东盎格利亚接受了基督教洗礼。可能东盎格利亚人热衷于帮助基督教同胞对抗麦西亚异教徒，但是毫无疑问，这一安排很大程度上出于私利——麦西亚的扩张对其邻国东盎格利亚的威胁日益加重。

东盎格利亚屡次败于麦西亚国王彭达之手。654年，他们成为彭达攻打诺森布里亚的盟友，虽然并不情愿。654年或655年，东盎格利亚和麦西亚联军被诺森布里亚国王奥斯威打败，东盎格利亚势力进一步衰落。7世纪末，东盎格利亚成为麦西亚的属地，这种情况一直持续到820年。

821年，在国王埃塞尔斯坦的领导下，东盎格利亚开始尝试摆脱麦西亚的统治。但直到825年威塞克斯重创麦西亚，他们才取得成功。827年，虽然与威塞克斯结成了紧密的结盟并臣服于它，东盎

## 中盎格鲁人

大批人群迁移到了泰晤士河和特伦特河（the Trent）之间的地区，其中很多是盎格鲁人，他们被称为"中盎格鲁人"（the Middle Engli，Middle Angles）。

该地区是麦西亚王国的一部分，但中盎格鲁人保留了自己的文化传统。因此，他们是少数在黑暗时代的历史舞台上扮演了重要角色，但未被作为国家提及的群体之一。

格利亚再次成为一个独立的国家。此时，北欧人的袭击已经成为一个日益严重的问题。866年形势发生了根本变化。北欧人的军队不再是从前的突袭者，他们变成了征服者。东盎格利亚

> 866年形势发生了根本变化。北欧人的军队不再是从前的突袭者，他们变成了征服者。东盎格利亚是最先沦陷的。

是最先沦陷的。随后北欧军队向北进入诺森布里亚。从这时起，东盎格利亚成为一个丹麦王国。

### 肯特、埃塞克斯和萨塞克斯

455年左右，日耳曼部落的朱特人占领了肯特（Cantware，或称肯特瓦尔）。虽然此前已经有了一些日耳曼定居者，但日耳曼人接管肯特始于盎格鲁人的首领亨季斯特和霍萨。肯特国王沃蒂根雇佣他们对抗皮克特人，亨季斯特和霍萨一开始似乎也是这么做的。但后来他们觉得，不列颠人更适合作为打劫的对象，而不是金主。

后来，霍萨被杀，亨季斯特在457年把不列颠原住民赶出了肯特。然后，一批寻找新家园的朱特人来到了肯特，一些撒克逊人和其他的日耳曼人也定居于此，这里成了最早的盎格鲁-撒克逊王国。王国进一步扩张领土，

但遭到了安布罗修斯·奥雷连纳斯（Ambrosius Aurelianus）军队的抵抗。

传统观点认为，肯特王国建立于488年。王国似乎遭受了一场大范围掠夺，然后出现了一段巩固实力和人口增长的时期，不过这一时期的记录很少。他们很可能卷入了邻国的事务，尤其是埃塞克斯。和东盎格利亚一样，早在罗马时代，后来成为埃塞克斯王国的地方就有撒克逊人定居。这些人有的是同盟者，有的则从欧洲大陆迁移而来，与当地居民混居或占据新的地区。通常认为埃塞克斯王国成立于527年，但这个日期仍有争议。而王国建立之前，这一地区在肯特王国的支持下，可能已经部分统一了。

埃塞克斯（即东塞克斯）王国北部以自然地形为界，王国可能通过扶持当地代理人的方式控制了米德尔塞克斯（Midil Seaxe）地区。埃塞克斯和肯特关系非常紧密。事实上，如果不是中间隔着泰晤士河，它们可能会成为一个统一的王国。

8世纪早期，埃塞克斯成为麦西亚人的属地。后来麦西亚日渐衰微。825年后，埃塞

下图：英格兰海岸附近的人在见到北欧人的维京长船后，心生恐惧。一艘或两艘船可能是贸易远航，但一支舰队则意味着一次袭击甚至入侵。

克斯附属于威塞克斯国王爱格伯特。肯特王国曾经也附属于麦西亚的奥法王。他们在770年左右反抗麦西亚的统治，可能获得了短暂的独立，但在785年重新被征服。825年后，肯特和埃塞克斯都由威塞克斯统治。英格兰东部受到越来越频繁的北欧人突袭的困扰，而且突袭逐渐升级为入侵。尽管当地居民和威塞克斯领导的英格兰王国都进行了抵抗，但事实是，他们没有能力将侵略者驱逐出去。后来双方签订了和平协议，允许北欧人在东盎格利亚定居。但是，另一支入侵的北欧军队打

> 后来双方签订了和平协议，允许北欧人在东盎格利亚定居。但是另一支入侵的北欧军队打破了这项协议。

破了这项协议，埃塞克斯成为北欧人控制地区的一部分，被称为丹麦区；而肯特则成了英格兰王国的一部分。

　　萨塞克斯（即南塞克斯）王国的命运与之类似。根据《盎格鲁-撒克逊编年史》，萨塞克斯王国是赶走或征服了当地居民的日耳曼入侵者在477年建立的。移民不断涌入，王国的撒克逊人口大量增加。关于它的历史记载很少，也许半传奇性质的巴顿山之战或类似的战斗确实发生过。大约在500年，撒克逊人的扩张基本停止了，这种突然的由盛转衰可能缘于一次重大的失败。

　　607年，威塞克斯对萨塞克斯发动战争，迫使萨塞克斯与麦西亚结盟。

## 七王国

　　盎格鲁-撒克逊时期，不列颠岛上的东盎格利亚、埃塞克斯、肯特、麦西亚、诺森布里亚、萨塞克斯和威塞克斯，通常被称为"七王国"。它们的关系错综复杂，一些王国有时会被其他王国征服。这些国家最终都并入新兴的英格兰王国。

萨塞克斯在战争中幸存，而且随着威塞克斯的势力逐渐衰落，它的国力又有所恢复。然而好景不长，威塞克斯也复兴了，最终征服了萨塞克斯。7世纪初，萨塞克斯重新获得了独立，但后来再次衰落。772年，它被麦西亚的奥法王征服。奥法死后，796年左右，萨塞克斯最后一次独立，然后在825年再次成为威塞克斯的属地。此后，它成为威塞克斯统治的英格兰王国的一部分。

## 不列颠群岛的凯尔特王国

与关于七王国不甚详细的史料相比，人们对不列颠群岛的凯尔特王国所知更少。关于凯尔特王国的记载大部分出自到访爱尔兰、苏格兰和不列颠西部的宗教人士。他们下笔时就对事件不甚了解，而且还带着严重的偏见。

不列颠的凯尔特人被盎格鲁－撒克逊人驱赶到西部的威尔士以及今日的德文郡和康沃尔郡地区。在那里，他们和已经定居当地的凯尔特人相互融合。生活在今德文郡和康沃尔郡的主要是杜姆诺尼人（Dumnonii）的后裔。对罗马人的入侵，他们没怎么抵抗，而是平静地融入了罗马帝国。这意味着罗马对他们的统治很宽松，比起那些被征服的部落，他们保留了更多的凯尔特人特色。

因此在英格兰，相比其他地方的人，今德文郡和康沃尔郡的人受到罗马人登陆和离开的影响更少。杜姆诺尼亚王国在罗马时代就已出现，王国控制了今德文郡、康沃尔郡和萨默塞特郡（Somerset）的一部分。它不怎么参与英格兰其他地方的事务，但与威塞克斯发生过几次冲突。814年，威塞克斯的爱格伯特征服了杜姆诺尼亚王国的大部分地区。825年和838年，王国两次试图重新独立。他们与驻扎在爱尔兰的北欧人结盟，但还是在838年的辛斯顿之战中再次失败了。

诺曼人进入不列颠很久以后，威尔士的布立吞人（the Brythonic people）才从英格兰独立出来。罗马人放弃不列颠之后的几年里，威尔士人与其他

上图：不列颠群岛上凯尔特人的聚落大都是这样规划的：1. 公共住宅；2. 夏季住宅；3. 粮仓；4. 公共鹅棚；5. 奶牛和山羊圈；6. 李子白兰地制作棚；7. 水井；8. 公共炉；9. 马厩；10. 猪圈；11. 玉米阁楼；12. 木栅；13. 玉米地；14. 果园。

地区一样，恢复了更接近于部落时期的生活方式。起初，他们的领地都很小，冲突很普遍。随着时间的推移，胜利者扩大了自己的地盘。

6世纪早期，北威尔士众小片领地联合成立圭内斯王国（Gwynedd）。625年，国王卡德沃隆成功阻止了诺森布里亚的扩张。在此之前，诺森布里亚人一直向西推进，把凯尔特居民赶出了英格兰北部。

圭内斯王国的军队与邻近的威尔士波伊斯（Powys）王国结成同盟，但613年，他们在切斯特被击败，而且最初卡德沃隆的情况也没好多少。事实上，他被赶到安格尔西岛（Anglesey），最后穿过了爱尔兰海。有些人认为他设法组建了一支新的军队，并通过杜姆诺尼亚返回不列颠，帮助他击败了麦西亚的彭达。

633年，卡德沃隆与麦西亚人结盟，进攻诺森布里亚。于是哈特菲尔德追逐战爆发了，诺森布里亚国王埃德温被杀死，随后诺森布里亚分裂成德伊勒和伯尼西亚。后来，卡德沃隆

下图：一般认为，633年或634年的天域之战发生于赫克瑟姆以北，靠近哈德良长城。今天，在人们推测出的奥斯瓦尔德击败威尔士和麦西亚联军的地方，竖立着一块标记物。

在天域之战中被诺森布里亚（主要是德伊勒）军队击败并杀死。随着诺森布里亚对威尔士的威胁减弱（至少在当时是这样），布立吞人的注意力逐渐转向自身。他们经常与麦西亚起冲突，内部冲突也很频繁。虽然有些统治者几近成功，但威尔士从未统一过。871年，圭内斯国王罗得里（Rhodri）成功地控制了波伊斯和塞西尔威格（Seisyllwg），他被称为"不列颠之王"，但实际上仅仅是"威尔士之王"。而且他并没有统治整个威尔士。

9世纪，北欧人的袭击变得越来越频繁。这主要是因为他们在爱尔兰和马恩岛（the Isle of Man）建立了基地。尽管当时形势严峻，1057年左右，格鲁菲德·阿·卢埃林还是在威尔士建立了一个统一的王国。但是，他统治的时间很短。1063年，他被哈罗德·戈文森率领的英格兰军队打败，不久就被处死了。

下图：在安格斯的阿伯莱姆诺发现的一块有图像的石板，其年代可追溯到8世纪。人们对皮克特人知之甚少，因为他们没有留下任何文字记录。他们只留下一些神秘的雕刻作品，比如这一幅，可能记录了战争或其他重大事件。

## 皮克特人

直到今天，苏格兰的皮克特人仍然非常神秘。罗马史学家对他们知之甚少，记载中还有一些没有根据的假设或者添油加醋的描述。皮克特人很可能是苏格兰原住民的后裔，他们与后来到达的凯尔特人混居在一起。他们的社会状况似乎与罗马入侵时的不列颠相似。由于成功地抵抗了外族入侵和征服，皮克特人几乎没怎么受到罗马的影响。

比起罗马帝国，诺森布里亚王国对皮克特人的入侵程度更深。600年，皮克特人已经皈依基督教，相比于罗马时代，他们的文化也发生了很大的转变。来自爱尔兰的苏格兰人占领了英格兰西海岸，而皮克特人与诺森布里亚人也时常爆发冲突。

670年，皮克特人在两河之战中战败，之后他们生活在布鲁德·麦克·比尔的掌控之下。比尔是诺森布里亚国王的堂兄，诺森布里亚国王可能接受过他的朝贡并助他掌权，也可能并未干预。不管是否接受过帮助，布鲁德·麦克·比尔袭击了诺森布里亚，并且通过征服远至奥克尼群岛（the Orkney Isles）的皮克特人的土地，来壮大自己的力量。

在与皮克特人的战争中，诺森布里亚似乎过度自信了。685年，他们在敦奈克顿（Dun Nechtain）遭遇惨败。据尊者比德的说法，面对诺森布里亚的进攻，皮克特人佯装撤退，把敌人引到地形险要之处再进行反击。这场胜利，使得诺森布里亚直到7世纪末都无法再对皮克特人造成威胁。

698年，皮克特人击退了诺森布里亚的另一次入侵，这带来了20年的和平。但和平最终被内部冲突打破，冲突的焦点是他们该遵循凯尔特基督教的习俗还是罗马基督教的宗教习俗。这引发了十年内战，内战后来因为两派面临共同的敌人而停止。736年，皮克特人入侵苏格兰的达尔里阿达（Dalriada）王国，占领了他们的首都杜纳德（Dunadd）。接下来的几十年里，鲜有关于皮克特王国的记载。780年之后，皮克特人和苏格兰人首次统一在一个王权之下。

到了8世纪，占领英格兰的北欧人对苏格兰的袭击和入侵日益严重，苏格兰人奋起抵抗。这种压力使皮克特人和苏格兰人的文化日益融合。900年以后的编年史没有再提到皮克特人。这个时候，出现了统一的王国阿尔巴（Alba），它开始使用苏格兰的旗帜圣安德鲁十字旗。但这个王国存在

> 到了8世纪，占领英格兰的北欧人对苏格兰的袭击和入侵日益严重，苏格兰人奋起抵抗。

的时间很短，1094年，国王邓肯二世已被称为苏格兰国王。

## 爱尔兰和苏格兰

　　早期爱尔兰居民中不断有新移民加入，他们大多是凯尔特人，其社会形态以部落为主。地位较低的领主统治小片土地，效忠更高层次的领主。这种效忠关系是非常散漫的，再往上还要效忠中心地区的国王。这个时候冲突很普遍，中心地区的命运飘摇不定。爱尔兰五大省之一的米思（Meath）有权力中心的性质，是至尊王的所在地。至少在名义上，至尊王统治着爱尔兰其他所有的王国。

　　明斯特（Munster）地处爱尔兰西南，由三个小王国组成。它的东部是爱尔兰最大的省份莱因斯特（Leinster），北部是康诺特（Connaught）。阿尔斯特省（Ulster）位于爱尔兰东北部，它通过一条海上通道，与苏格兰保持联系。由于明显的地理原因，爱尔兰整体上——莱因斯特尤甚——卷入了

**上图**：凯尔特人以复杂的功能性和装饰性金属制品而闻名。这枚环状胸针可追溯到8世纪。

不列颠凯尔特人的事务中，他们有时会与威尔士王国交战，而且经常庇护被迫出逃的威尔士高层人员。

根据传统观点，这就是后来爱尔兰人建立苏格兰王国的原因。爱尔兰东北部达尔里亚塔（Dál Riata）部落的费格斯·莫尔·麦克·埃尔克（Fergus Mór mac Erik）带领他的追随者穿过狭窄的海域来到苏格兰，建立了一个名为达尔里亚塔（DalRiata）的王国。然而，几乎没有考古学证据能支持这一点。爱尔兰的盖尔人（Gael）似乎进入

右图：费格斯·莫尔·麦克·埃尔克是一个传奇人物，信史几乎没有提到他。我们当然知道爱尔兰人迁移到了苏格兰西部，但是否在费格斯领导之下还有待讨论。

## 苏格兰之事

与英格兰和法兰克一样，苏格兰也有大量的古典文献。这些文献记录了它的古代历史和传奇国王的世系。其中一部作品被称为《苏格兰之事》，它讲述了一个不太真实的充满神奇的故事。

根据这个故事，斯科塔（Scota）是一位埃及法老的女儿，她嫁给了来自巴比伦的费尼厄斯·法赛德（Fénius Farsaid）。他们的儿子创立了盖尔族，并创造了盖尔语。其他版本的故事中，这对夫妇离开埃及前往西班牙，他们的

儿子米利（Mil）在那里出生。米利带领他的追随者进入爱尔兰，推翻了神奇的丹南塔（Tuatha Dé Danann）。

后来，爱尔兰人开始用斯科塔来给自己取名，移居到苏格兰的爱尔兰人也是如此。因此，苏格兰人声称他们与生俱来的尊贵权利源自古埃及的法老。

这个故事可能很精彩，但它并不比特洛伊人（也可能是罗马人）布鲁图斯建立了英国，或者大名鼎鼎的特洛伊人起源于日耳曼部落更靠谱。

了苏格兰、英格兰北部和威尔士。很长一段时间内，一部分盖尔人定居当地或与当地人相融合。这使得当地的文化带有一种与其他地方的皮克特社会不同的地域色彩。

这些爱尔兰移民被称为"苏格兰"（当时作Scoti或Scotti），这个词最初用于所有盖尔人，而不是居住在不列颠的盖尔人。他们的王国莱格德（Rheged）占据英格兰西北部和苏格兰南部，在730年被诺森布里亚占领。达尔里亚塔则延续到9世纪，最终成为阿尔巴王国以及苏格兰王国的一部分。

上图：阿尔弗雷德大帝以英勇的姿态对抗来自海外的异教入侵者。直到16世纪，人们才给他的名字加上"大帝"的称号。

## 阿尔弗雷德之后的英格兰

按照惯例，英格兰王国将从符合条件的候选人中选出国王，而不是像欧洲大陆一样采用长子继承法。因此，在埃塞尔雷德一世死后，王国没有任命一个摄政王来辅佐埃塞尔雷德一世年幼的儿子，而是将先王的弟弟阿尔弗雷德选为国王。

这对王国大有好处。阿尔弗雷德不仅成功击退了北欧人，还建立了政府官员学习培训制度，实施了一系列法律，并开始编撰王国正史。这就是后来的《盎格鲁-撒克逊编年史》。阿尔弗雷德十分明智，他让掌管文教的部门抄录编年史并将副本分发至各地，于是《盎格鲁-撒克逊编年史》得以流传至今。

阿尔弗雷德于899年去世，他生前并未被称为"大帝"。他的儿子"长者"爱德华继承了王位，这并非毫无争议。阿尔弗雷德之前的国王埃塞尔雷德一世的儿子埃塞尔瓦尔德，已经错失王位一次，现在他觉得自己应该成为国王。爱德华当选国王并没有违背规则，他是由最有权势的贵族组成的议会——贤人议会选举出来的。但这并没有打消埃塞尔瓦尔德寻求帮助以武力夺取王位的念头。

905年，埃塞尔瓦尔德在一支来自诺森布里亚的北欧军队的支持下，入侵爱德华的王国，而后战败被杀。埃塞尔瓦尔德死后，双方罢兵和谈，但不久又有新的冲突。爱德华采取了巩固胜利的政策，以阿尔弗雷德大帝所开创的方式来加固城镇，并打击北欧诸国，逐渐扩张王国疆域。920年，他接受了北方英格兰国王的臣服。

924年，"长者"爱德华的儿子艾尔弗沃德继承王位，他的哥哥埃塞尔斯坦被任命为麦西亚的统治者。在一个大的王国里任用次级国王来管理领地，这是一种几百年前就存在的做法。但这样做，也可能因为埃塞尔斯坦不愿意臣服于他的弟弟。艾尔弗沃德在父亲死后两周就被杀了，我们不清楚埃塞尔斯坦是否涉及其中，但似乎有这种可能。埃塞尔斯坦后来成为全英格兰的国王。

埃塞尔斯坦杀死了他的另一个兄弟埃德温，把他丢在船上任其漂流，没有留下食物和水。这样一来，面对其他可能有异议的人，埃塞尔斯坦就保住了他的王位（埃塞尔斯坦确信埃德温在密谋反对他，但事实是否如此仍有争议）。他试图与北欧人和解，因此把妹妹伊迪丝（Edith）嫁给了约克的北欧国王西塞里克（Sithric）。

上图："长者"爱德华理所当然地被选为阿尔弗雷德的继承人，但却面临来自埃塞尔瓦尔德的军事威胁。他明智地用父亲开创的方法巩固了自己的胜利，并且增强了王国的实力。

上图：布鲁南布尔之战发生于何处，以及盎格鲁-撒克逊人是否动用了一支骑兵，都有很大争议。可以确定的是，这场战役在英国历史上极为关键，因为战后出现了一个统一的王国。

西塞里克的死为埃塞尔斯坦吞并诺森布里亚提供了借口，他占领了今康沃尔郡地区，扩大了自己的领土。937年，北欧人和苏格兰人共同入侵埃塞尔斯坦的王国。当年发生的布鲁南布尔之战是决定性的战役。关于此战的细节很少，《盎格鲁-撒克逊编年史》记载，五位国王和七位伯爵死于这场战役。埃塞尔斯坦取得了这场战役的胜利，这使得他的地位稳如磐石。而且，此战标志着他的王国从一个个单独的领地联合体变成了统一的王国。

埃塞尔斯坦为他的姐妹们安排了美满的婚姻，确保自己与法兰克国王和当时的其他政要结成联盟。940年，埃塞尔斯坦去世，此时他已经让英格兰的盎格鲁－撒克逊王国牢牢地屹立在欧洲政治版图上。不管是生前还是死后，世人眼中的埃塞尔斯坦都是一个贤明的国王。他做了很多事情来保障穷人的生活，以维护王国的稳定。

> 不管是生前还是死后，世人眼中的埃塞尔斯坦都是一个贤明的国王。他做了很多事情来保障穷人的生活，以维护王国的稳定。

埃塞尔斯坦死后，他的弟弟埃德蒙一世继承了王位。埃德蒙与约克的北欧统治者奥拉夫·古斯弗莱松达成了一项协议，协议规定若他们中的一个人去世，他的国家将由另一个人统治。944年奥拉夫去世，埃德蒙一世的王国扩大到诺森布里亚。不久之后，他在斯特拉斯克莱德（Strathclyde）与奥拉夫从前的盟友开战。

## 王朝的谋杀

许多历史人物都因除掉潜在的对手而蒙上污名。但在那个时代，这其实是一种非常重要的策略。一个被废黜或被剥夺了财产的贵族可能会奋起反抗，一个人也可能因为支持一个根本不想争夺王位的人而变得权势显赫。对于中世纪早期野心勃勃的王子来说，暗杀自己的对手或那些阻碍其野心的人，都是很正常的事。

同样，通过暗杀敌对的统治者来创造政治或军事优势，也是一种有效且为大众接受的策略。事实上，面对一场破坏性的战争或内部权力斗争时，暗杀可能预先阻止或至少限制冲突，这对那些原本可能要遭受苦难的人是有利的。现代人也许不能接受一个靠冷血谋杀上位的统治者，但是，当时的统治者如果因为个人感情而不愿意实施对本国有力的谋杀，那他就不适合登上王位。无论如何，那些不愿意谋杀他人的人，最后很可能被他人谋杀。运用任何必要的手段解决对手，有时只不过是一种生存方式。

埃德蒙一世还积极参与欧洲大陆的政治活动，比如协助路易四世夺取法兰克王位。后来，他与一个叫里奥法（Liofa）的人酒后斗殴，被其杀死，英年早逝。里奥法在几年前被埃德蒙放逐，埃德蒙在奥古斯丁节那天看到里奥法后被激怒了，他袭击了里奥法，然后被对方捅死。

10世纪欧洲君主的特点，在上面这些事件中都有所体现。埃德蒙有时被称为"伟大的国王"，他在位时期极大地扩展了权力，镇压叛乱，而且能决定其他王国的命运。但当火气上头时，他会克制不住地在宴会上攻击别人。

946年埃德蒙去世时，盎格鲁－撒克逊王国已经建立。王国当时的主要威胁是日益强大的北欧诸

下图：埃德蒙国王在位时经历了许多危险，比如战争和可能的暗杀，他都幸运地活了下来。可他最终还是径直走向死亡，这场事故是他一手造成的，而这件事本可以轻松避免。

国。当时政治形式复杂，北欧的一位王子"血斧王"埃里克登上了诺森布里亚的王位。后来他被人推翻。不久又重新执政，然后第二次被推翻。埃里克在一次伏击中被杀，这次伏击可能是英格兰国王埃德蒙的继任者埃德瑞德（Edred）精心策划的。

978年，"仓促王"埃塞尔雷德二世登上英格兰王位。此时北欧诸国开始进一步征讨他国。埃塞尔雷德二世的绰号与"仓促"并无多大关系，这是盎格鲁－撒克逊语中"不明智的"一词的变体。无论如何，英格兰仍然无法抵挡北欧人的进攻。为了让王国免于遭受蹂躏或被征服，埃塞尔雷德二世开始向他们赔付丹麦金①，这笔钱的本质是国与国之间的保护费。

1013年，丹麦国王斯汶一世推翻了埃塞尔雷德二世，斯汶一世统治英格兰两年后去世。随后，埃塞尔雷德二世成功夺回了

下图：一份1220年左右的手稿中的"仓促王"埃塞尔雷德二世，他支付丹麦金的策略受到了世人的批评。但对他的国民来说，另一种选择要糟糕得多。

---

① 从911年起，英国人为避免丹麦人的侵略而送给他们财物，因此简称为"丹麦金"。它后来演变为英国中世纪的土地税。——译者注

王位。他死于1016年，他的儿子"铁甲王"埃德蒙继承了王位，但埃德蒙在位时间短暂。更多的人支持斯汶一世的儿子克努特（或称卡纽特），所以这两位王子之间的战争，可以看作一次入侵，也可以看作一场内战或是君主镇压了一场叛乱。一切取决于按哪种视角。"铁甲王"埃德蒙取得了一些胜利，但最终还是被克努特打败了。他们签订了和平协议，威塞克斯王国划归埃德蒙。埃德蒙死后，克努特成了无可争议的英格兰国王。

在世人眼中，克努特是一个自负到认为可以控制潮汐涨落的傻瓜，但真实情况与这个流传甚广的故事大相径庭。克努特认为臣下过分地奉承自己，于是想通过命令潮汐退潮来表明，他知道自己的力量是多么微不足道。当然，潮汐没有按照命令退去，克努特此举是想告诉人们他并不是全能的。但这一行为却让他被当成一个傲慢的小丑，成为民间传说。克努特统治期间，北欧人对英国的威胁大大降低，一部分原因是他手握大权，另一部分原因是他控制了许多原本可能发动入侵或袭击的人。克努特同时还是丹麦国王，因此1018年后，他的王国陷入斯堪的纳维亚半岛的复杂事务中。他于1035年去世，王位原本要传给他的儿子哈德克努特。但是哈德克努特的弟弟"飞毛腿"哈罗德夺得王位，他最初在哈德克努特征战丹麦时被任命为摄政王。这似乎引起了兄弟不和。哈罗德死后，哈德克努特把他的尸体挖出来，扔进了沼泽里。

哈德克努特于1040年登上英格兰王位，两年后去世。当时王朝婚姻关系复杂，于是威塞克斯家族重返王位。诺曼底的爱玛是已故的埃塞尔雷德二世的妻子，她在克努特还是英格兰国王的时候嫁给了他。这使她的儿子阿尔弗雷德和爱德华成为克努特的继承人。1037年他们访问英格兰时，阿尔弗雷德被囚禁并致盲，最终伤重不治，但爱德华活了下来。

1040年，爱德华被传唤到哈德克努特的宫廷。1042年哈德克努特去世后，爱德华继承了王位。他被称为"忏悔者"，因为他无比虔诚，可能有些太过虔诚了。尽管结了婚，但他没有子嗣，因此有消息称他立誓要保

上图：克努特认为侍臣对他的奉承太过无度，因此他通过潮汐服从自然规律而不是服从国王，来证明他的权力在自然规律面前是微不足道的。

持独身。爱德华与他的岳父威塞克斯伯爵戈德温（Earl Godwin）发生了冲突。戈德温率先出兵，但是后来他发现自己无法获得足够的支持来击败爱德华，于是他接受流亡。戈德温伯爵手握强权，1052年，他率领一支军队重返英格兰，国王被迫接受他的回归。

右图："忏悔者"爱德华如果有儿子，他将是英格兰王位的重要候选人之一。然而，英格兰国王是选举出来的，而不是长子自动继承，所以英格兰时常发生争夺王权之事。

左图：1066年的黑斯廷斯之战终结了盎格鲁－撒克逊英格兰，也给所谓的"维京时代"画上了句号。这是外族最后一次成功入侵不列颠群岛。

戈德温伯爵有两个儿子，哈拉尔德和托斯蒂格。1066年，"忏悔者"爱德华去世，王位继承权出现了争议。戈德温的两个儿子都认为自己是王位候选人，威塞克斯伯爵哈拉尔德被选中。托斯蒂格当时是诺森布里亚伯爵，他对此提出异议。然而，还有第三位候选人——诺曼底的威廉公爵，而且他也有武力夺权的打算。1066年，威廉公爵在黑斯廷斯之战中获胜，这次胜利开启了英格兰历史的新纪元。

# 第 4 章

# 发展中的教会

尽管一直被镇压，但基督教还是成为罗马帝国的国教，进而成为欧洲最主要的宗教信仰。由于早期基督教的发展和传播主要是一些虔诚的教徒个人所为，并没有一个连贯系统的传教计划，因此基督教在具体习俗甚至核心信仰方面都不可避免地出现了分歧。人们一直在解决这些分歧，教会的历史很大程度上就是这样向前发展的。

虽然并不是每一位罗马皇帝都深有体悟，但罗马总体上明白宗教在治国方略中的重要性。到耶稣的时代，罗马已经认识到，干涉一个被征服民族的宗教，尤其是犹太人的宗教，是很容易激起反抗的。犹太人可以承受严厉的税收和普遍的压迫——虽不是不反抗，但这种反抗都不会发展成大规模的起义。

甚至以罗马习俗任命大祭司——任命一个支持者而不是一个由人民选出来的宗教首领，也不足以引发反叛。但当皇帝卡利古拉坚持把自己的雕像置于所有宗教场所时，犹太人发起了后世称为"大反抗"的运动。卡利古拉宣称他是神，而对犹太人来

前页图：中世纪的作品，表现了公元66—73年第一次犹太人和罗马人之间战争（或称"大反抗"）的情景。图中，犹太领导人和历史学家约瑟夫斯被带到罗马将军维斯帕先（未来的皇帝）面前。

上图：卡利古拉皇帝坐在卡斯特和波利克斯的雕像之间。他宣称自己是神，并要求人民崇拜他。他的臣民中有一部分人可以接受这种行为，但犹太人不能。

说，把外邦神的雕像放在最神圣的地方，实在难以接受。

"大反抗"始于公元66年，最初罗马军队损失惨重，四年后，起义已基本被镇压。胜利的一方因为犹太起义者的强力反抗，而永远记住了这件事。在帝国内部传播宗教显然是不受欢迎的，它可能引发大规模的叛乱。外来宗教同样会挑战已经建立起来的帝国的信仰。

在罗马帝国，基督徒时常受到迫害。有时基督徒可以担任公职，但更多的时候，如果政府官员的亲属皈依基督教，这名官员就可能被解雇甚至处决。帝国发生过几次大的宗教迫害。一次在公元64年皇帝尼禄统治时期的罗马大火之后；一次在249—251年皇帝德基乌斯统治期间；最后一次大规模迫害是303年皇帝戴克里先下的命令。接下来，戴克里先的继任者君士坦丁开始在帝国推行宗教自由政策。

## 第一次尼西亚会议

在基督教早期，各个教派之间不可避免地存在巨大的差异。325年尼西亚会议召开的时候，正式的主教制度已经设立。主教主持各地宗教事务，但教会习俗方面还没有达成一致。第一次尼西亚会议由皇帝君士坦丁召集，会议试图解决这些分歧，并在整个基督教世界制订统一的教义。

　　教会面临的最严重的问题之一是阿里乌争论。一位名叫阿里乌的神学

## 君士坦丁皈依

　　君士坦丁大帝是在"四帝共治"时期掌权的，当时罗马帝国由四个皇帝统治，他们各控制一个地区。君士坦丁被自己的军队拥立为皇帝，马克森提乌斯反对君士坦丁即位，并在罗马自立为帝。双方为帝位展开斗争，在台伯河（Tiber River）上的米尔维安（Milvan）大桥发起决战。决战的前一晚，君士坦丁做了个梦。梦境指示，如果他皈依基督教，胜利将属于他。

　　君士坦丁确实成功了，他成为暂时统一的罗马帝国的统治者。他将都城迁到君士坦丁堡，实行宽容的宗教政策，并且最终允许基督教作为帝国的官方宗教。在他的统治下，罗马的力量得到复兴，战胜了许多蛮族，这可能有助于罗马人接受新的官方宗教。

上图：312年，君士坦丁大帝在米尔维安大桥上。和许多统治者一样，他重视宗教是因为它能在世俗事业中起到重要作用。

上图：君士坦丁大帝召开尼西亚会议，希望在基督教内部建立统一的宗教习俗。尽管他的设想没有完全实现，但会议确立的习俗一直沿用至今。

家主张，与传统的三位一体——圣父、圣子、圣灵是一个整体的观点相反，创世之初只有上帝，上帝召唤出了他的儿子耶稣。这意味着耶稣与上帝不同，耶稣是一个单独的比上帝稍低层级的存在。这一概念的内涵是非常复杂的，传统三位一体论者无法接受阿里乌派的观点。

尼西亚会议并没有解决阿里乌争论，但它确立了遵循三位一体论的《尼西亚信经》。这成为教会的官方标准。阿里乌派的信众被视为异端，阿里乌和他的支持者被流放，但阿里乌派的观点在许多地区仍然流行。后来基督教召开了多次会议，试图解决这个问题，但都没有什么结果。

阿里乌争论影响了欧洲新兴国家的政治。基督教信徒当时可能没有意识到，这将使他们卷入一种新的复杂局面。信奉尼西亚三位一体论的人发现，与皈依阿里乌派的人相比，拜占庭帝国对尼西亚信徒更加友好。这也影响了皇帝的态度。拜占庭皇帝有时会给各个王国施加压力，让它们不要帮助阿里乌教徒对抗尼西亚派教徒。

## 罗马帝国晚期的基督教

380年，狄奥多西皇帝宣布尼西亚基督教为罗马帝国的官方宗教，此时罗马帝国已经严重衰落。起初，帝国并没有一个权威的宗教中心，尽管皇帝可能自认为是教会的首领。当时有几个城市是基督教的中心，可能每个城市都认为自己是最重要的。有人称耶路撒冷是一切开始的地方；而罗马是被耶稣选为"磐石"建造教堂以及彼得殉道的地方；由于各种有影响力的人物——包括阿里乌，都居住在埃及的亚历山大，那里也是一个重要的基督教中心。

传统观点认为，彼得是第一位罗马主教。虽然基督教在罗马帝国的地位并不稳固，但罗马还是成了基督教在西方的中心。虽然没有正式的组织，但是西方的主教们依然承认罗马主教是"同侪之首"。

下图：利波·万尼1365年左右创作的作品，画中人物是穿着法衣的彼得。他是第一位罗马主教，因此也是第一位教皇。

随着时间的推移，这种权威逐渐形成了我们现在所知悉的教皇制度。不过，这一切都经历了漫长的过程。"大祭司长"一词首次出现是在217年左右，这是教皇的头衔。这个词绝不是敬语，它原本的意思是"不赞成任何教会官员妄自尊大，试图对他人行使权威"。

尽管如此，大祭司长仍然成了教会的中心权威。早期的罗马主教虽然不曾拥有头衔，但也被认为是教皇。史料中基本不见历任教皇的确凿记载，但基督教官方历史认定彼得是第一任教皇，随后是

右图：早期的罗马主教制定了许多沿用至今的教会习俗。克莱门特反对世俗政权罢免教会官员，他维护了教会的权威。

罗马的一系列主教，他们确立了教会的一些基本习俗。公元100年左右，科林斯人（Corinth）收到了一封信，人们认为这封信出自第四任教皇克莱门特之手。信中表示，反对无正当理由罢免教会官员，并敦促科林斯教会服从他们的主教。克莱门特的继任者圣厄瓦理斯多，可能在罗马创立了教区。

这一时期，教职的传承有时候并不明确，可能不止一人宣称自己应当担任教皇职位。当时，这些互相敌对的准教皇并未被称为"敌对教皇"①，但这个词后来可以说是恰如其分了。敌对教皇不是教会或基督教的敌人，相对于经过正规流程选举出来的教皇，他们只是声称自己可以担任教皇。当然，任何教徒都可以声称自己是教皇，但作为敌对教皇，他必须有大量的追随者，并且其主张必须合理。历史上的某些时候，很难区分谁是教皇，谁是敌对教皇，其名分往往要依靠政治甚至军事力量来解决。235年，希波吕图斯成为第一个被认可的敌对教皇。他之所以成为敌对教皇，是因为通过合法选举而成为教皇的卡利克斯图斯一世（Calixtus I）反对他，但他最

下图：希波吕图斯反对赦免严重罪行的做法，并挑战教皇卡利克斯图斯一些关于信仰的观点。他作为敌对教皇时，罗马官员受到迫害。后来他与教皇庞蒂安一起被囚禁。

---

① 原文是"antipope"。据后文可理解其意，即想当教皇并产生争夺行为的人，这才是"敌对教皇"的真意。——译者注

终与卡利克斯图斯的继任者庞蒂安（Pontian）和解。召开第一次尼西亚会议，就是要解决这种内部分歧。

在313年实行宗教自由之前，罗马主教们处于极大的危险之中。直到皇帝君士坦丁颁布《米兰敕令》，保证宗教信仰自由，他们才避免了被迫害的命运。而此前，已经有几位主教被流放或杀害。在这之后，主教的职位才变得不那么危险。虽然，教会官员依然不可避免地会卷入世俗政治，而且会造成新的风险。4世纪早期，皇帝霍诺里乌斯统治的是一个问题重重、日渐衰落的西罗马帝国，但他看到了控制一位教皇带来的好处。因此，欧拉利乌斯被推举上位，成为反对卜尼法斯一世的敌对教皇。但是欧拉利乌斯和皇帝之间存在分歧，这让他变得孤立无援，不久就被皇帝赶出了罗马。

## 皇帝与教皇的角力

东哥特王国征服意大利后，罗马也处于国王狄奥多里克的统治之下。所以狄奥多里克和后来的继任者能对教皇选举施加很大的影响，以至于王室支持成为候选人能否当选的关键。这种情况从493年一直持续到537年，直到拜占庭军队暂时收复了西罗马帝国的大部分领土。

虽然罗马换了统治者，但有些事情并没有发生太大变化。东哥特人任命的教皇西尔弗斯被皇帝查士丁尼废黜，由维吉勒斯取而代之。维吉勒斯曾是教皇候选人之一，但事实证明他非常不受欢迎，原本选择维吉勒斯为继任者的教皇卜尼法斯二世，最终被迫选择了另一位。

> 皇帝有权批准或否决一名候选人，他通常会从与他有来往的教会官员中挑选中意的候选人。

在东哥特之后，拜占庭时代对历任教皇选举的干涉也未见减少。皇帝有权批准或否决一名候选人，他通常会从与自己有来往的教会官员中挑选中意的候选人。因此，这个时期有一条通往教皇职位的捷径，即充当皇帝的联络人并赢得皇帝的青睐。

VIGILIVS Rom anus, Ioannis fili=
us, creatus die 27. Iunij ann. 540.
Sedit ann. fere 16. Obijt an. 555.

从遥远的皇帝那里获得批准可能需要数月时间。在此期间, 教会基本上是群龙无首。然而, 这个审批程序可以确保皇帝得到一个他信赖的教皇, 并彰显皇帝对教会的控制。因此, 649年, 教皇马丁一世没有获得批准就上任, 皇帝大为不悦。马丁一世因叛国罪被抓, 并送往君士坦丁堡受审。他没有被处决, 而是被流放了, 这个相对仁慈的做法却给教会带来了麻烦。

在现任教皇还活着——他被世俗政权而不是宗教力量赶下台, 此时为新教皇祝圣似乎是一件令人

上图：800年圣诞节，查理曼加冕。这实际上标志着神圣罗马帝国的建立，尽管当时并未使用这个词。查理曼扮演了教会的政治和军事保护者的角色。

不安的事，但教会别无选择。这意味着教会对皇帝的权威屈服。这种情况一直持续到7世纪中期拜占庭失去对意大利的控制。此后，伦巴第人和法兰克人轮番统治意大利。在此期间，法兰克国王赠送给罗马教皇一部分领土，罗马教皇由此在意大利建立了教皇国。

这次事件被称为"丕平献土"，以发起人法兰克国王"矮子"丕平命名，教皇由此成为政治和

宗教首领。赠予教皇的土地原本是拜占庭的领土，
先被伦巴第人夺取，又被法兰克人占领。教皇自然
对（丕平建立的）新的加洛林王朝怀有好感。800
年，第一位受教皇（利奥三世）加冕的皇帝查理曼
（丕平之子），向教皇献出了更多的土地。

## 基督教的传播

　　虽然传教活动只是依靠少部分人的努力，而且
通常出于偶然，但在罗马时代，基督教还是已经传

**左图**：丹尼斯是罗马皇
帝德西乌斯派去改变高
卢人信仰的七位主教之
一。他在那里被处以砍
头之刑，成了一位殉
道者。

播到欧洲的大部分角落。罗马帝国崩溃后，基督教继续传播，这主要是由两个因素驱动的。其中一个因素是，基督教徒热切地希望与他人分享自己的信仰，于是一些人为了使遥远土地上的人皈依基督教而踏上旅程。另外一个因素是政治作用。已经与教会建立良好关系的统治者发现了与新皈依的人打交道的益处，而且宗教为对抗外来者缔造了一个共同立场。

从罗马时代开始，统治者和将军就把战胜敌人视作应该皈依的迹象，或者主动提出如果新神能给他们带来胜利，他们就会改变信仰。尽管有些传教士只是四处游荡，向任何愿意倾听的人讲道，但在很多情况下，军政领导者都是传教士的目标。不过，传教士非常乐意让统治者皈依基督教，因为他们的臣民很可能以他们为榜样或者遵循他们的命令，也皈依基督教。

早期传教士的热情使他们的演讲颇具说服力，尽管他们演讲的技巧其

## 传教士和怪物

在许多情况下，当地民众会向传教士求助，希望后者保护他们，使其免受野兽的伤害。当时，经常发生野兽杀死家畜或破坏乡村的事情。有时传教士会制造神迹，与怪物对抗，以及对野兽的错误行为进行训诫。此外，还有一些更为直接的做法。

传教士菲南接受格伦多查特（Glen Dochart）地区的人的请求，保护他们，使其免受一头野猪的伤害。他准备猎杀它。三天后，他发现了这只可怕的野兽，他用棍子猛击它的头部。菲南声称他的力量来自他的祈祷，可以推测，祈祷使他免于受到野猪巨大獠牙的伤害。尽管这个神迹很平凡，但除掉野猪对当地居民意义重大，这成为他们皈依基督教的重要原因。许多早期的使徒和传教士都是这样，他们以这种相当直接的方式证明自己的价值。

实参差不齐。可以说，每当有一个鼓舞人心的牧师吸引全镇人的注意时，至少也存在一个激动的小丑，他的话对听众来说简直不可理喻。但演讲并不是传教士唯一的工具，展现自己的力量或为当地居民提供援助也是吸纳新教徒的重要手段。

事实上，这些早期的教徒入教，有一种讨价还价的意味。无论是寻求胜利的领导者，还是希望治愈疾病的农民，许多聆听传教士话语的人都想知道，上帝能为他们做些什么。

一些传教士通过破坏异教的圣物或仪式场所来展现他们信仰的力量。这一策略具有风险，但可以带来可观的收益。在一些情况下，宗教人物的住所可能成为朝圣之地，并逐渐融入当地文化。例如，尼尼安在加洛韦（Galloway）的威索恩（Whithorn）设立了一个神职部门，并担任首位主教，此地后来成为重要的修道中心。

上图：围绕尼尼安有一堆相互矛盾的记载，在这些故事中，是他让皮克特人皈依基督教。这似乎不太可能，但他确实是加洛韦的第一位主教。

尼尼安建造的这座粉刷成白色的石构教堂在当时的确令人印象深刻。作为一处宗教中心，它是教徒朝拜的对象。完成朝圣之旅的人通常会得到一枚徽章作为奖励，而如果罪犯去朝圣并带着一个标记回来，那他通常会得到免于责罚的机会。毫无疑问，有些人用卑鄙的手段得到了徽章，也许是偷偷摸摸地欺骗或谋杀，但许多人确实完成了朝圣之旅。

## 凯尔特教会

最早进入一个地区的传教士并不一定会成为该地区的守护者。事实上，他们大多数都没能获得更广泛的认可。用今天的说法，他们是基层传教者。通常认为，阿里斯多布洛斯在1世纪经西班牙将基督教传入不列颠群岛。他是不列颠第一位主教，但后来的传教士的光彩却盖过了他。

虽然在罗马时代，基督教就已经进入不列颠群岛，但不列颠的教会却有自己的风格。这很大程度上受爱尔兰的影响。相比于居住在欧洲大陆的人，不列颠西部的居民和爱尔兰的凯尔特人罗马化程度较低，因此他们对基督教信仰的理解是不同的。传统观点认为，爱尔兰皈依基督教是帕特里克的功劳。虽然在他之前和之后似乎也出现了许多传教士，但都不那么出名。

据说，爱尔兰突袭者在帕特里克英格兰的家中把他带走了，他作为俘虏度过了好几个年头。帕特里克的父亲是一名基督教执事，但他本人从事政治方面的工作，而帕特里克对他父亲的信仰并没有特别上心。然而，在被囚禁期间帕特里克看到了异象，异象告诉他要逃走，然后作为一名传教士回来。在接受相关的宗教培训后，他照办了。

圣帕特里克定义了凯尔特教会的性质。他没有废除当时的习俗，而是把它们纳入基督教仪式中。这样，新信仰就更容易被大多数爱尔兰人接受。这一时期，爱尔兰成为基督教的中心之一，并向不列颠派遣传教士。

397年左右，在尼尼安的努力下，苏格兰人和皮克特人皈依基督教。人

上图：帕特里克被爱尔兰突袭者俘虏，被迫成为牧羊人。很长一段时间内，他的生活孤独而充满危险。他在自己的信仰中找到了力量，并决心将它带给其他人。

右图：据说，在去不列颠之前，阿里斯多布洛斯是使徒保罗的旅伴。他被认为是第一个把基督教带到不列颠群岛的人。

们认为尼尼安是苏格兰的第一位"圣人"，但对他知之甚少。他在加洛韦的威瑟恩建立的宗教场所现在仍然存在，但他远不如科伦巴知名度高。后者从爱尔兰搬到了爱奥纳（Iona）①，在那里建了一座修道院。从爱奥纳出发，科伦巴到达苏格兰和爱尔

---

① 苏格兰沿海赫布里底（Hebrides）群岛中的一个岛屿。——译者注

兰，说服达尔里阿达（Dalriada）的国王（以及人民）皈依基督教。苏格兰人也是从这个时候开始大规模皈依基督教的。

正如阿里乌派和尼西亚派曾为"三位一体"问题争论不休，凯尔特基督教和东正教之间也有很多摩擦。凯尔特基督徒和其他基督徒一样——至少在他们自己看来如此——是同一个教会成员，不存在特别的凯尔特教会。尽管有许多人敦促他们遵从主流教会的习俗，但在不列颠北部，包括

> 凯尔特基督徒和其他基督徒一样，他们都是同一个教会的成员，不存在特别的凯尔特教会。

诺森布里亚，普遍遵循凯尔特习俗。此时，这个国家的其他地方也越来越多地以罗马的方式接受基督教信仰——这很大程度上是受首任坎特伯雷大主教奥古斯丁的影响。

出于解决这些分歧的期望，诺森布里亚国王奥斯威在664年召开了惠

## 凯尔特十字架

虽然人们对其含义的理解各不相同，但凯尔特十字架的发明还是被归功于帕特里克。这个十字架可能是把基督教的十字架叠加在圆上——圆象征异教徒的太阳或月亮，基督徒想以此作为上帝高于旧神的标志。这样做也可能为了吸引以前崇拜太阳或月亮的人。

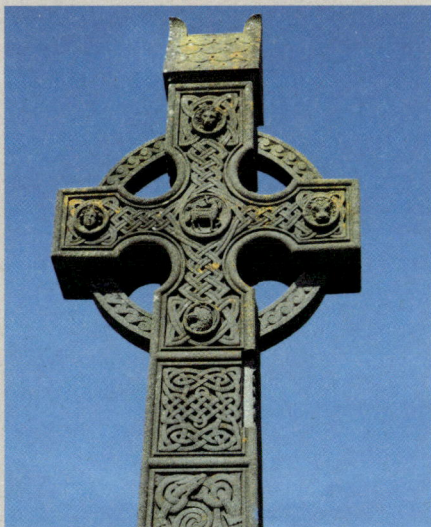

**右图**：凯尔特十字架的起源是有争议的。这个圆可能用来支撑十字架的两臂，使雕刻物更牢固。

特比会议。惠特比女修道院院长希尔达是国王的亲戚，也是凯尔特教会坚定的支持者。尽管如此，主教会议还是决定此后遵循罗马的习俗，使英格兰教会与基督教主流保持一致。国王奥斯威曾经表示，彼得是罗马教会的创始人，持有通往天国的钥匙，拒绝他是不明智的。其实做出这个决定，政治原因可能与宗教原因同样重要。

什么时候庆祝复活节，是惠特比会议解决的问题之一。因为各自的习俗不同，罗马人和凯尔特人庆祝复活节的日期也不相同，这可能会造成混乱，并且破坏整个基督教会的可信程度。比起模糊且混

**下图：**据说，一位基督教"圣人"曾在加洛韦威索恩的尼尼安洞穴静修和祈祷。从那以后，这个洞穴就吸引了许多朝圣者，其中一些人在附近的岩石上刻上了十字架或日期。

乱的约定，一套统一有序的教会习俗更能给外人留
下深刻的印象。此外，惠特比会议确保了凯尔特
教会仍然是一个地方类型，并没有蔓延到其他
地区。如果会议做出了不同的决定，像尊
者比德这样的名人就可能带着一种对凯尔
特的偏向来书写历史，而凯尔特教会可
能会扩张到欧洲的其他地方。

## 修道院和大教堂

　　从世俗生活中抽身出来，专注于
祈祷、斋戒和宗教仪式的做法，可能
早在基督教出现之前就存在。耶稣在传道之前在荒
野中斋戒，历史上也有关于修士脱离正常社会生活
的记载。在某一时点，集中过宗教生活的想法占了
上风。相关记录能够追溯到320年，这可能是关于
原始修道院的描述。修道院在爱尔兰生根发芽，修
士聚集地成为主要的学习中心和宗教中心。第一批
传教士也是从爱尔兰的修道院进入苏格兰。活动在
爱奥纳岛上的宗教团体是苏格兰基督教的中心，甚
至连主教都遵从它的权威。

　　这样一个宗教团体，必须用严格的规则管理生
活的各个方面。没有规则，一个宗教团体本质上就
是另一个村庄。我们并不清楚早期的
爱尔兰修道院是如何管理的。535年左
右，本笃制定了修道院的生活规范，他
借鉴了早期团体的习俗和经验。

**上图**：根据传说，希尔
达解决了一场蛇灾，把
它们变成了石头。在惠
特比的悬崖下面能看到
它们石化了的遗骸。

> 我们并不清楚早期的爱尔兰修
> 道院是如何管理的。535年左右，
> 本笃制定了修道院的生活规范。

并不是所有的修道院都遵循本笃制定的规范，尤其在早期。但随着时间推移，这种模式变得越来越普遍。这很大程度上要归功于查理曼，他支持这一理念，并让《本笃会规》尽可能广泛地传播。这是一份很长的文件，概括性地讲述了修道院应如何运作以及修士的行为标准。修士的生活围绕祈祷和工作展开，他们在白天和夜间的特定时间举行宗教仪式。大部分修士的工作都很普通，因为他们必须供养自己，靠种地和维护房屋维持生活。他们还须努力抄写和注释手稿，因为这是保存文献或撰写图书的唯一方法。因此，修道院还有产业，有时会通过贸易或售卖啤酒、奶酪、羊毛纺织物等变得非常富有。

下图：本笃为修道院制定了一套规则，这成为整个欧洲修道院的标准。这套标准虽然严格，但本笃会修士的生活要比那些相信圣人需苦修的地方容易得多。

左图：《本笃会规》规定了修士的职责，包括世俗工作、祈祷和抄写手稿。手稿就包括抄写该规则，以供新修建的修道院使用。

修道院在欧洲成为一股重要的政治力量。随着基督教地位的稳固，统治者越来越关心他们是否能进入天堂的问题。解决这个问题的办法之一是为修道院提供财政支持，而修道院要定期为赞助人的灵魂祷告。自愿或被敌人逼迫退出政坛的贵族也可以去修道院过退休生活。修道院的生活很艰苦，但是修士（或修女）的生活仍然比那个时代的农民要舒适得多。退出政坛的贵族在其他兄弟那里大概不会受到任何优待，但国王的遗孀退隐到修道院可能会过得非常舒服。

> 修道院的生活很艰苦，但是修士（或修女）的生活比那个时代的农民要舒适得多。

这一时期的文献主要是在修道院保存下来的。在宗教团体之外，识字的人很少，也很少有人有时间写下一部编年史。相较于个人收藏，文献保存在修道院的图书馆里流传下来的机会要大得多。因此，正是通过宗教人物的著作，我们得以了解黑暗时代。但是，这些人的观点往往带有主观偏见。

## 孤独的隐士

一些修士文化借鉴了孤独隐士的传统。这些隐士的生活环境通常远离文明和舒适，物资极度匮乏。许多隐士和一些早期宗教人士都居住在沙漠、洞穴或森林深处，一些教派也会在与世隔绝的地方建立自己的驻地。早期的爱尔兰修道院尤甚。那些遵循本笃会规的团体生活环境虽然没有那么严酷，但要求也非常严格。

上图：隐士的生活远离尘嚣，但并不是完全或永久性地孤独生活。此图描述的是亚美尼亚的隐士普鲁登修斯拜访另一位隐士索里亚的撒多宁的情景。

吉尔达斯在其撰写于510年的一部著作中，把撒克逊人和其他日耳曼人入侵不列颠归咎于罪孽和宗教放纵。他记录一些事件是为了说明他的观点，而不是出于记录历史，而且有些记载非常模糊。尊者比德的一部撰写于731年的著作，则主要关注凯尔特和主流基督教习俗之间的差异。很多时候，对于一些宏观的事件，宗教资料往往只包含零散的、片面的或带有高度偏见的信息。

修道院通常建在沃土之上，这样可以很容易地供养一个团体；或者建在偏远地区，使修士远离世俗事务。但北欧人袭击欧洲海岸时，这样选址的弊端就暴露出来了。比如，坐落在诺森布里亚海岸外小岛上的林迪斯法恩修道院，富有而缺少防御，并

上图：修道院建立在诸如岛屿和半岛之类偏远的地方，这样它们可以从世俗的政治中分离出来。不幸的是，当北欧掠袭者掠夺它们的财富时，其选址也使它们远离了援助。

且由于位置偏远，援军很难及时到达。多数时候，在北欧人袭击中幸存的修士只能被迫抛弃他们的修道院。同样，其他地方也经常遭到袭击，但每次都能恢复元气，然后再次成为北欧人眼中的肥肉。

基督徒把北欧人的袭击描述成异教徒蛮族对上帝发起的战争，但实际上这只是简单的投机主义。不管出于什么原因，像卡斯伯特的墓地林迪斯法恩这样的地方，都不堪一击。在教士眼中，"圣人"遗骨落入敌手是不可想象的，所以林迪斯法恩的修士们带着卡斯伯特的尸体寻找新的安身之所。在诺曼征服之后，他们最终在达勒姆（Durham）建立了一个新的居处，这里后来成为一个大教堂。

**右图**：这个雕塑作品表现了卡斯伯特的棺木在英格兰东北部转移的场景。棺材仿佛变成了一座移动的神龛，抬棺之人受到了所经村庄和城镇的款待。

## 基督教大分裂

　　罗马教会的习俗成为西欧基督教的主导习俗，最终消除了各地差异。罗马教会花了很长的时间才同化了不列颠群岛的凯尔特教会——主要是由于后者非常普遍，并为当地的基督教习俗添加了区域特色。不过，罗马教会的教义和以拜占庭为中心的东方教会差异巨大。

　　后来的拜占庭（或希腊正教）教会与罗马基督教有着相同的起源，但在发展过程中受到了不同的影响。拜占庭比罗马更接近基督教的发源地，它受到很多犹太人遗风的影响。这些元素与希腊人对戏剧的喜好结合，创造出了一种别样的基督教会

> 拜占庭比罗马更接近基督教的发源地，它受到很多犹太人遗风的影响。

风格。两种基督教会之间的分歧始于313年的《米兰敕令》，随着东、西罗马帝国的分立，这种分歧不断加深。

　　拜占庭教会奉持的习俗被称为拜占庭仪式，经安提阿（Antioch）发展后，在君士坦丁堡正规化。仪式最初是用希腊语进行的，随着时间的推移，逐渐转变成当地语言。拜占庭教会确定宗教节日日期的方式不同于罗马教会，一些有关的仪式也不同。比如复活节，拜占庭的基督徒在圣诞节前禁食，庆祝复活节的关键仪式也与罗马教会不同。

　　尽管存在这些差异，希腊和罗马的教会仍保持往来，这种关系一直持续到1054年。虽然彼此习俗不同，但它们都承认对方的地位并且相信两者的核心信仰是相同的。然而到11世纪中叶，情况发生了变化。意大利的宗教团体原本遵循希腊式习俗，罗马教会却试图在这里树立权威，并想让人们接受罗马教皇是希腊和罗马共同的最高权威。

　　1054年，罗马教皇的一个代表团抵达君士坦丁堡。他们的任务是寻求帮助，来抵抗诺曼人对意大利的入侵，并说服拜占庭教会服从罗马教皇的权威。既是来寻求帮助，又要求对方服从自己，两种意愿混在一起，令人失望。他们自然遭到了拒绝。结果，罗马教皇和拜占庭牧首相互把对方逐

上图：313年颁布的《米兰敕令》，赋予所有罗马公民宗教信仰自由。类似的声明以前也曾发布，但这一次是由一个稳定的帝国发布的，帝国有能力执行。因此，这份声明具有持续性。

出了教会。

　　这一事件被称为"大分裂"，或"东西教会大分裂"，从此基督教会一分为二。两个教会还存在其他的分歧，其中一些非常严重，足以引起不和与激烈的言辞攻击，比如是否可以在圣餐仪式上使用发酵的面包。在大分裂之后，为解决这些问题所做的努力已经没有任何意义了。

　　到十字军东征时，西欧的天主教军队似乎并不认为拜占庭人是他们的同盟者，他们对东正教徒和犹太人、穆斯林同样残酷。如果大分裂没有发生，

左图：教皇利奥九世试图加强对东方教会的控制，结果适得其反。随之而来的大分裂在罗马教廷和拜占庭教会之间造成了永久性的鸿沟。

## 希腊正教还是东正教？

"希腊"一词最初用于拜占庭，拜占庭帝国有大量的希腊人，文化也很有希腊特色。随着时间的推移，一些东正教会选择将它们的身份与拜占庭分离，并将"希腊"一词从自己的名称中去掉。然而在公元第一千纪，"希腊正教"一词一般可用于所有的东正教教会。

欧洲的政治和军事局面将会有很大的不同。事实上，如果拜占庭帝国与西欧仍然处于同一个宗教信仰之下，1453年拜占庭帝国最终覆灭一事可能就不会发生——至少不会以同样的方式发生。

### 伊斯兰教的兴起

7世纪初，伊斯兰教创立，之后迅速传播，成为一个政治实体和世界三大宗教之一。其早期扩张由拉希敦哈里发国领导，而麦地那是历史上伊斯兰国家的第一个首都。从632年始，拉希敦的军队逐渐征服阿拉伯半岛，向北推进到外高加索，并沿北非海岸扩张到突尼斯。

伊斯兰教内部分歧引发了656—661年的内战，一个新的领导阶层由此诞生。这就是倭马亚哈里发国，它进一步扩大了伊斯兰国家的领土，使其延伸至伊比利亚半岛。这就使得倭马亚王朝与拜占庭帝国的冲突不可避免，但这种冲突主要体现在政治方面而非宗教方面。倭马亚王朝首都在大马士革，靠近拜占庭领土，于是不可避免地爆发了一场争夺中东主导权的战争。战争后来陷入僵局。高加索地区半游牧的哈扎尔人受到拜占庭的鼓动，与波斯萨珊王朝作战。萨珊王朝被倭马亚王朝征服后，哈扎尔人继续以同样的方式对抗新邻居。如此，拜占庭帝国的侧翼就免受倭马亚王朝扩张的影响。

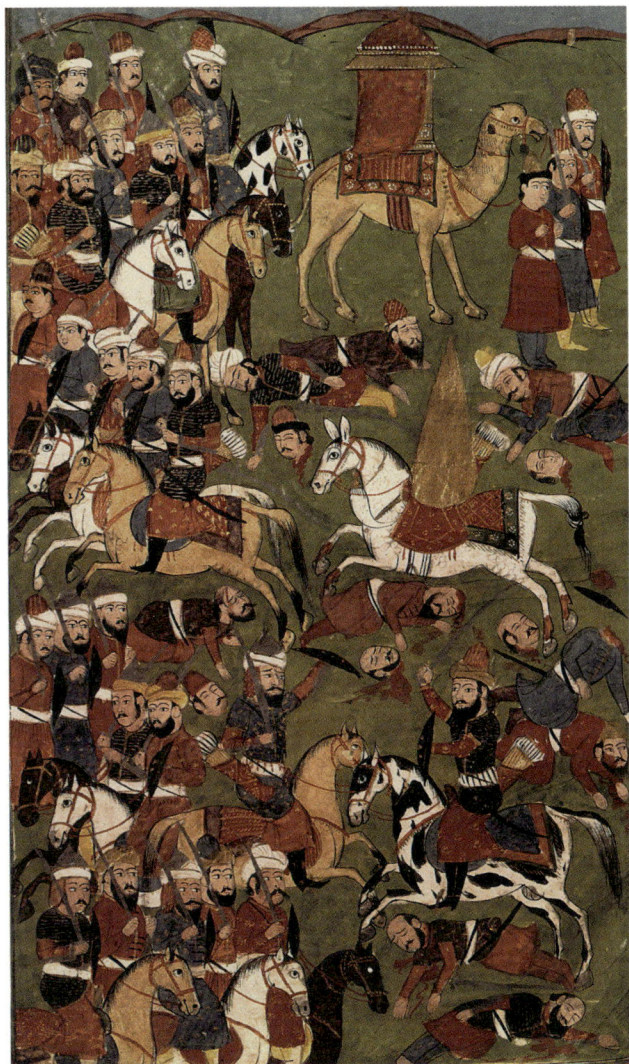

左图：656年在巴士拉附近发生的贾迈勒之战，也就是我们所熟知的"骆驼之战"。

　　倭马亚人在伊比利亚取得了很大的成功。他们对伊比利亚的西哥特王国南部海岸进行了一系列袭击，并于711年登陆伊比利亚半岛。西哥特国王罗德里克率军抵抗，在瓜达尔特之战中，西哥特人惨败。当时，关于这场战争的记载有很多是相互矛盾

> 西哥特人无法应对阿拉伯骑兵高度机动的战术，在溃败后遭到屠杀。

的，而且大致是不可靠的，因为各方军队都给出了夸张得可笑的数字。我们大体可以确定，西哥特人无法应对阿拉伯骑兵的高机动性战术，在溃败后遭到屠杀。

这让通往托莱多（西哥特首都）的大门敞开了。西哥特人首都沦陷，国王阵亡，首都防御群龙无首。其他城市或者很快陷落，或者向快速推进的骑兵部队投降。西哥特王国的崩溃并没有给当地居民带来巨大的灾难。许多时候，投降的城镇只不过是统治方式发生变化：胜利者既没有把新的伊斯兰法律强加给民众，也没有强迫民众皈依新的宗教。这可能是一个明智的策略，尽可能地减少征服

下图：711年，西哥特人在瓜达尔特之战的失败，有时归咎于军队内部的背叛或政治分裂。其实，他们失败的原因可能是阿拉伯骑兵的高度机动性。

伊比利亚的阻力，实际上这些措施也真的达到了所期望的效果。

717年，伊比利亚半岛的大部分地区已经在倭马亚王朝的控制之下，军队开始越过比利牛斯山向图卢兹推进。推进的脚步因柏柏尔人的反叛而受阻，他们刚被倭马亚王朝征服不久，而正是柏柏尔人向阿拉伯军队提供了大量轻骑兵。

这种扩张活动一直持续到732年。在图尔附近，阿卜杜·拉曼领导的伊斯兰军队被查理·马特率领的法兰克军队击败。

这是欧洲历史上的一个转折点。阿拉伯帝国在欧洲的扩张终于停止，法兰克人开始成为西欧的主导力量。当然，冲突并没有结束，但欧洲伊斯兰国家的势力被限制在安达卢西亚地区。750年，倭马亚王朝被推翻，阿拔斯王朝建立，阿拉伯帝国在欧洲进一步扩张就不太可能了。

上图：1862年的一幅作品，阿卜杜·拉曼和他率领的军队。倭马亚人机动性高且悍勇，这迫使法兰克人需要建立一支训练有素的军队，而非一批战时才组成军队的战士。

762年，阿拔斯王朝迁都新城市巴格达①，它继承了萨珊王朝的一些文化特色。这是所谓"黄金时代"的开始。这一时期，阿拔斯家族资助了很多艺术和科学活动，这带来了技术上的飞跃，使帝国站立在人类文明的前沿。

尽管文明发达，但在756—969年之间，阿拔斯王朝还是失去了很多领土，并且最终分裂成从摩洛哥、伊比利亚到中亚一带的多个伊斯兰国家。其中包括由倭马亚王朝成员阿卜杜·拉曼建立的后倭马亚王朝。阿拔斯政变期间，拉曼在大马士革，他跳进幼发拉底河，侥幸逃脱了追捕。经过漫长而危险的旅程，他在北非的突尼斯找到了避难所。

拉曼只是暂时得到了喘息。由于担心阿拔斯人的背叛，他继续向西行进，最后在伊比利亚停下来，在那里他获得了支持。趁哈里发内部权力结构分裂，他率军攻打新的阿拔斯统治者。柏柏尔人的反叛和安达卢西亚的混乱，让拉曼成功地占领了马拉加（Malaga）和塞维利亚（Seville）。柏柏尔人撤退到托莱多，而拉曼则占领了科尔多瓦。②不久之后，拉曼扫清了阿拔斯王朝在这片地区的势力。他在伊比利亚建立了一个独立的倭马亚哈里发国。王国的首都在科尔多瓦，拉曼的王国成了被驱逐或对新哈里发国心存恐惧者的避风港。王国的力量逐渐增长，直到他的军队能够挫败阿拔斯王朝试图重新控制安达卢西亚的企图，虽然这种反抗也很勉强。这时候，他统治着伊比利亚大部分地区独立的伊斯兰国家，但也有很多不安定因素。有的来自内部叛乱，有的来自不接受拉曼统治的城市，另外还有来自比利牛斯山的威胁。

---

① 它本是底格里斯河西岸的一个村落，意思是"天赐"。在阿拔斯王朝第二任哈里发曼苏尔的主持下，这个小村落成为该王朝的都城。——译者注

② 该词原文是"Cordoba"，位于西班牙南部，是安达卢西亚自治区的一个重要城市。原为腓尼基人和迦太基人古城；公元前2世纪为罗马人殖民地；6世纪西哥特人入侵，对它的破坏十分严重。8—11世纪，曾为后倭马亚王朝的都城，非常繁荣。12世纪，成为西班牙王国的重要军事基地。10世纪，该城有50万居民，曾是西欧最大的城市。这里有很多罗马和摩尔人遗迹，还有珍贵的阿拉伯白金建筑遗址。

萨拉戈萨城（Zaragoza）希望能够独立于拉曼的哈里发国。受萨拉戈萨城之邀，法兰克国王查理曼派军队进入伊比利亚半岛。法兰克人最后被迫撤退，因为萨拉戈萨也不想成为法兰克人的附庸，因此它关上了大门。查理曼的后卫部队在隆塞沃山口进行的战斗成为传奇，被写入史诗《罗兰之歌》，流传不朽。萨拉戈萨城是拉曼统治安达卢西亚的最后一个障碍。783年，拉曼先是通过贿赂，后又通

上图：778年，罗兰和他的骑士们在隆塞沃山口之战中英勇牺牲，建立了"圣骑士"或者说完美的基督教骑士的典范。"圣骑士"一词很可能是"palatine"的变体，意思是高级领导者。

过武力，控制了这座城市。拉曼在城市中建造房屋、修筑道路，这促进了城市繁荣，也成为人们接受拉曼统治的一个心理因素。他还成立了一个由线人和信使组成的情报网络，不仅使军队能够及时得知并应对叛乱，还增强了政权的稳定性。因此，安达卢西亚出现了稳固的后倭马亚王朝，一直持续到1031年。15世纪末，基督教国家重新统治整个伊比利亚半岛。

在西哥特教堂旧址上修建的清真寺，是后倭马亚王朝的伟大工程之一。它采用了罗马—哥特式的

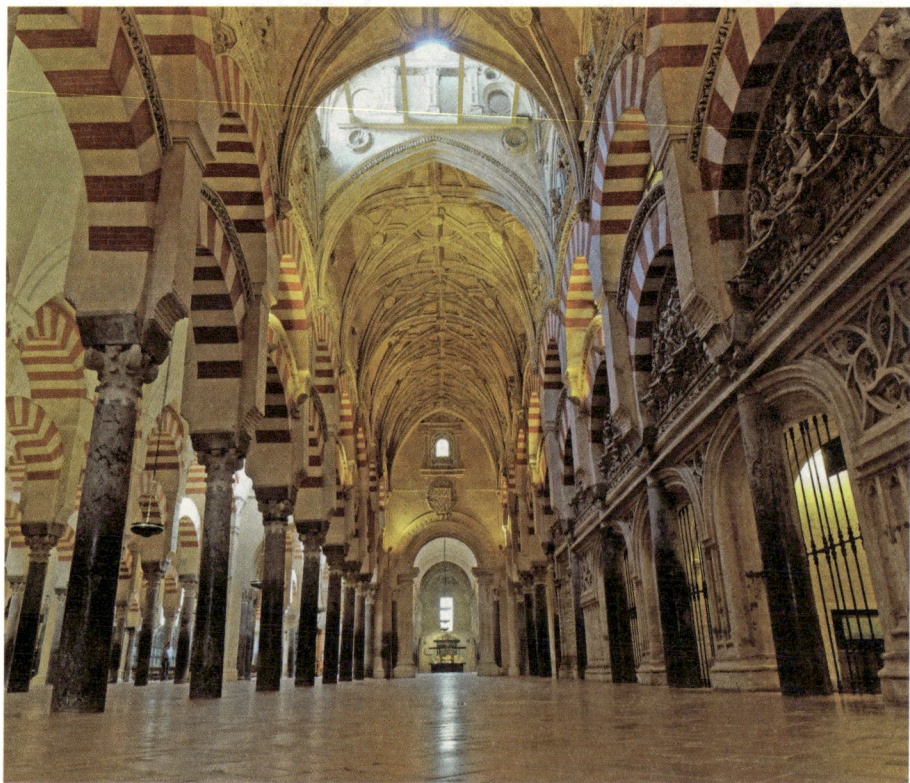

下图：科尔多瓦清真寺原本是一座西哥特教堂，后来改建为清真寺，然后多次扩建。13世纪早期，它重归基督徒所有，开始具有西方大教堂的特征。

## 法兰克史诗

正如英格兰和苏格兰都有自己的古典文学体系（分别被称为"英格兰史诗"和"苏格兰史诗"），法兰克的传奇历史也被编成了一部史诗和编年史的合集，被称为《加洛林纪事》或《法兰西史诗》。这部文学作品的核心是《罗兰之歌》，相当于法国版的《亚瑟王传奇》。《罗兰之歌》融合了真实的历史和浪漫的想象，讲述了一群英雄的英勇坚守，是他们牺牲自己掩护了法兰克军队的撤退。随着"骑士"概念的广泛传播，罗兰和他同伴们的无私奉献和英勇牺牲，也成为骑士的典范。

设计元素，还借鉴了叙利亚和阿拉伯世界其他地方的风格。这座城市成为一个文化和贸易中心，在西地中海的经济和政治中扮演着重要角色。他们与比利牛斯山地区基督徒的关系时好时坏，与西班牙北部的基督教国家也常有冲突。到800年，后倭马亚王朝已经成为一个文明而进步的地方，这里成为基督教世界和伊斯兰教世界思想交流的中心。

# 第 5 章

# 来自北欧的海上突袭者

北欧人经常被误称为"维京人"，他们劫掠欧洲海岸的居民，被描述成嗜血的海上突袭者。这种描述有一定的真实性，但他们又不仅仅是突袭者。北欧人还是商人和征服者，他们也会在被征服的土地上定居。在"历史上最伟大的探险者"队伍中，北欧人当占有一席之地。

"北欧人"一词通常指现在的丹麦人、挪威人和瑞典人。虽然在大部分时间里，他们都未形成统一的王国，但却有共同的语言和文化，因此在需要的时候会进行合作。这种灵活性是影响北欧社会的主要因素之一。一个人可能这一年加入一个突袭者队伍，下一年去开展贸易，其余的时间则在家里照顾他的农场。北欧人是机会主义者，这是他们最主要的特征——如果没有富有且容易得手的目标，他们就不会突袭，而是进行远途贸易。

北欧人是日耳曼人，他们与最早进入欧洲的人群关系密切。若是如此，他们很可能是在上一个冰河时代末期冰原消退时向北推进的。他们沿河流、

前页图：中世纪的作品，表现了北欧船只抵达不列颠的情景。较之其他作品，这幅画的时代错误较轻，很大程度上是因为它创作的时间更接近北欧突袭者活动的年代。图中战士装备的是诺曼式盾牌，而不是他们特有的圆盾。

上图：伊斯曼托普是奥兰岛上一个铁器时代的环形堡垒，建于200年左右。这个堡垒使用了四个世纪，之后被废弃。该地似乎在900—1200年被重新占领。

海岸和峡湾边缘定居，船只自然成为北欧文化的重要特色。长途贸易和海上远征都需要各类船只来担负运输任务，正是这些贸易和远征给北欧人带来了"维京人"的绰号。关于这个词的起源，存在各种各样的说法。有人提出，这个词来源于早期斯堪的纳维亚语中的"海盗"一词，或者认为"Vik"是"远征"的意思。因此，维京人是指那些从事海上突袭或远途贸易的人，但这种称呼只在他们从事这

项活动时适用。其余时间，他们只是从事农业或金属锻造等普通职业的北欧人。

## 北欧人的武器和船

公元前500年左右，斯堪的纳维亚半岛进入铁器时代，这带来了生产力的巨大飞跃。冶炼青铜的材料需要从别处运来，而铁矿石很容易获得。因此，铁制的武器、盔甲和工具也很容易制造。这对其他产业包括农业有着重要的意义。与木制犁相比，铁犁可以翻更深、更肥沃的土壤，并且可以在以前难以耕作的地方发展农业。

铁器时代的武器和个人防护也得到很大的发展。一个典型的北欧战士应该装备长矛和盾牌，弓箭、标枪和手斧也被广泛用于战争，虽然它们通常用作狩猎工具和农具，而不是专门的武器。担负得起更多武器的人会配备战斧，也许还有剑。

维京剑在整个欧洲流行起来。它是为切割设计的，而不是用来刺入，因此对手部的保护很少，刀

**下图**：维京剑沿用了一种在欧洲流行多个世纪的使用模式，在此基础上有一些变化。有时它被描述成一种笨拙沉重的武器，实际上它相对较轻，而且平衡性也很好。

柄不易于双手使用。在战场上，剑或手斧与盾牌配合使用，矛是主要的战场武器。

大多数北欧战士都不是职业士兵。一个有权有势的人也许能养得起几个装备精良的随从，但所有军队的主要构成者都是普通农民，其装备是他们能得到的任何武器。考虑到当时的社会性质，这意味着北欧可以迅速集结一支装备长矛的军队——其中一些人还有弓箭或标枪，最优秀的成员具备战斗经验。除了盾牌和厚衣服，一个普通的北欧战士可能不会有其他的个人防护用品了，除非他继承了一件盔甲或者得到了这样的战利品。比较富裕的人会有头盔，也可能有链甲。制作北欧链甲，要先把铁锻打成越来越小的小块，直到变成金属丝，然后把这些金属丝做成彼此衔接的小环。一件完整的链甲衣很沉，也非常昂贵。有些战士的链甲较小，只覆盖肩膀和上臂。可以再加上一块盾牌和一个坚固的头盔来掩护身体，这已经是一套非常昂贵的防护装备了。

北欧的头盔通常设计简单，它由金属条的框架和弧形板的头盔主体组成，附带强化过的边缘和鼻骨前的铁条以保护脸部。这种头

下图：虽然只需要较少的金属，也比剑更容易制造，但矛头仍然是战场上的有效武器。许多矛头足够锋利，既能劈砍，也能刺杀。

**左图**：7世纪的北欧头盔，发现于瑞典旺德尔的船葬遗址。头盔虽然有各种不同的设计，但都带有眼睛和脸部的保护装置。没有发现典型的"角盔"存在的证据。

盔曾在欧洲大部分地区流行，我们今天称之为"星形盔"。防护设备在这个基本形制上也有变化，如使用面板、附加链甲来保护颈部、使用眼镜状目镜等，但头盔主体是朴实无华且实用的。我们几乎可以肯定，与维京人相联系的"角盔"从未存在过——它在船上不会有任何作用，只能是一种负担。

北欧船只没有内部框架，而是用重叠的木板

右图：1867年在挪威的图恩发现了一艘北欧船只，这是现代人首次对北欧船只进行发掘和研究。这艘船由橡树建造，建造时间在900年左右。

代替，从龙骨向外，每一块木板都钉在前一块上。横梁保证了结构的牢固度，并充当桨手的工作台，桅杆由龙骨上一根纵向的梁支撑。这种方法适合制造快速突袭船和大型贸易船。最初，北欧船只在沿海水域航行，随着造船技术的改进和航行技术的提升，他们开始在北海更广阔的水域上航行。最终，他们能够在大西洋上远航。

在长船上作战，首先要让船靠近敌人，然后放箭。当两船靠近，便可以进行一场与陆地作战没什

## 龙船？

　　北欧船只有时被称为"龙船"或"德拉卡斯"。"德拉卡斯"这个词的起源并不清楚，似乎不是来源于北欧人。它可能指船头上雕刻的蛇形生物，也可能是受突袭者侵扰的居民因为心生恐惧给北欧人起的绰号。最大的北欧突袭船和战船分别被称为"布塞"（Busse）和"斯基德"（Skeid），但较小的"斯奈克"（Snekkja）长船更常见。"卡尔维"（Karvi）长船则是一种比斯奈克更窄、更小的船，适合于侦察和小规模突袭。

## 北欧盾牌

上图：1930年的作品，表现了北欧船只航行的场景。这些船的帆虽然看着很普通，但非常实用，可以在海上进行长途航行。

北欧人使用圆形的木盾，盾中心有一个金属护圈。盾牌的正面是用皮革覆盖的几块木板，如果主人有兴致，可以对其进行装饰。这种盾牌很轻，不会妨碍机动性，也不至于太大而不方便拿着它在船上行走。虽然如此，一艘小型长船承载几个拿着盾牌的战士仍然不是一件容易的事。于是人们将盾牌固定在船舷上，巧妙地解决了这个问题。这样也为桨手们提供了一种针对天气的防护——除此之外，几乎没有别的措施，而且这样一来盾牌也许还能在海战中挡住箭矢呢。

举起盾牌可以抵挡敌人的攻击和箭矢，也可以与其他战士的盾牌叠加起来形成一道防御墙。但对于个人作战来说，轻盈是盾牌主要的优势。盾牌不仅可以用来防御，它还可以使敌人的打击偏移，从而给自己留出完整的回击空间与时间，让敌人看不见持盾人手里武器的动作，甚至还能直接用作武器。用盾牌的边缘猛击敌人的脸虽然不一定能造成大的伤害，但会让对方步态不稳，这就为自己使用斧头或剑进行还击创造了战机。

么区别的肉搏战。一般来说，一艘船上最勇敢的战士会站在船头，与所有上前的敌人战斗，直到自己获胜或受伤。这种船上没有船载武器，也不具备猛烈的撞击功能。事实上，这种长船的设计，使它并不能在与另一艘船碰撞后幸存下来。

船是运输工具而不是武器，甚至大型的商船也是浅吃水的。在发动突袭时，船可以冲到海滩上，战士们从舷边跳入海中，然后上岸。船也可以在浅水河道航行，既可袭击遥远的内陆，也可装载贸易货物。

## 前维京时代

维京时代始于793年，这一年北欧人袭击了林迪斯法恩修道院。然而，此前很久，北欧人就在欧洲出了名。斯堪的纳维亚半岛的日耳曼人与罗马帝国接触很少，而且时断时续，这主要是因为距离遥远以及罗马人对日耳曼人普遍怀有敌意。斯堪的纳维亚受罗马帝国崩溃和匈奴入侵的影响较小，也没有像东欧那样出现大规模的人口迁移。

瑞典的旺德尔出土了大量考古遗物，这些遗物的年代

下图：旺德尔时代的头盔，颊革的设计可能受到了罗马头盔的影响。但是我们可以确信，此时北欧人头盔上的这种设计已经独立发展了。

上图：斯堪的纳维亚人能够制作精致的金属制品。这种胸针在旺德尔时代很流行，后来逐渐被椭圆形的设计取代。

在550—793年间，因此这一时期被称为"旺德尔时代"。这一时期，欧洲已经恢复了稳定，法兰克王国成为西方的主导力量。斯堪的纳维亚半岛与法兰克王国和其他欧洲国家进行贸易，出口从其他地方得来的货物、生铁和铁制品。

斯堪的纳维亚半岛上的大多数人都是农场主，他们总体上都很富裕，但彼此之间的关系松散。小区域由酋长依靠个人魅力进行统治，随着时间的推移，更成功的领导者获得了更多的支持和财富，这反过来又增加了他们的影响力。随着酋长国的合并和壮大，在将来的旺德尔时代，大的王国最终出现。但是当时的大酋长都极其富有。他们的墓葬中有许多珍贵的随葬品，包括做工复杂的珠宝和制作精良的武器。值得注意的是，在贵族墓葬中还发现了包括马镫在内的骑具。

虽然北欧人总体上更喜欢徒步作战，但也有例外，许多首领拥有大规模的马群。当时的史学家指出，北欧人拥有欧洲最好的牲畜群，尽管他们不像其他文化的居民那样依赖马。因为海上运输和远途贸易在他们的生活中占据重要地位。

随着技术的进步，他们建造了更大的海船，北欧商人因此能够到达更远的地方，并且发现了不列颠和欧洲海岸这样潜在的袭击目标。沿海袭击并不是什么新鲜事。不列颠群岛那些富裕而不堪一击的修道院成了北欧人新的掠夺目标，相对而言，

> 沿海袭击并不是什么新鲜事。不列颠群岛那些富裕而不堪一击的修道院成了北欧人新的掠夺目标，相对而言，这种掠夺没有什么风险。

## 财富和货币

尽管硬币在其他地方已经流通了几个世纪，北欧人却没有自己的硬币。在古代世界，货币不是在信用的基础上发行的——它不代表一个值，但其价值与制造货币的贵金属重量相当。因此，硬币只是一种方便的计量方法。

北欧人乐于接受并使用其他地方的货币，但他们大部分贸易都依靠其他各种物品中所含金属的重量来结算。这些物品可能是装饰品，在当时的许多地方，个人珠宝基本上是可穿戴的货币。粗银（Hacksilver）也被广泛使用。这些钱可以铸成条，从银条上砍下一部分，便于携带。也可以从富人家里的餐具或装饰品切下一块，当作大块银币。

**右图**：这些硬币和手镯由阿拉伯银制成，通过位于现在俄罗斯和东欧的河流贸易路线被带到斯堪的纳维亚半岛。

这种掠夺没有什么风险。终有一天，北欧人会袭击这些地方，这几乎是不可避免的。

## 早期的袭击

第一个遭到北欧人袭击的地方是林迪斯法恩修道院，时间在793年。应该没有人对袭击的猛烈程度感到意外。这是一个暴力的时代，沿海城镇多

**上图**：人们通常认为维京时代始于793年北欧人对林迪斯法恩修道院的袭击。但此前几年，北欧船只已在不列颠登陆进行贸易，偶尔也会发生战斗。武力冲突事件可追溯到787年。

年来一直遭受这种袭击。从罗马时代起，英格兰东南沿海的一些城镇就开始设防，以抵御撒克逊人的海上袭击。此时其他地区也开始建造防御工程。

在信奉基督教的欧洲，像北欧人这样袭击"圣地"简直是不可想象的，但是身为异教徒的袭击者当然没有这种顾虑。这次袭击被当时的历史学家（也是基督教修士）描述成仇视上帝的野蛮人对教会本身的攻击。实际上，这个地方的宗教地位对袭击者并无意义。他们只是想掠夺，最好能获得大量财物而不用冒什么风险。林迪斯法恩恰好满足这些条件，因此遭到了攻击，除此之外并没有更深的原因。

　　然而，在接下来的几年里，情况似乎完全不同了。795年，突袭者袭击了赫布里底（Hebrides）群岛的爱奥纳岛，那是另一个大修道院的所在地。他们甚至开始攻击远至爱尔兰的目标。宗教场所不是唯一的受害者，任何可能带来良好回报的地方都是他们潜在的袭击目标。当时的袭击都是小规模的，所以不会出现严密设防的城镇。

　　战术上，北欧人通常突然到达附近的海滩，直

下图：北欧人突袭爱尔兰的克朗麦克诺伊斯，是一场戏剧性的事件。海岸或河流附近的任何定居点都可能受到袭击，最方便攻击的目标会遭受一次又一次的袭击，直到它们建立起有效的防御或者被遗弃。

上图：851年，北欧入侵者焚毁了英国东南部的坎特伯雷。放火焚烧定居点不仅是一种肆意破坏，还能起到分散防守者注意力的作用。

指目标，战胜当地所有对手，然后在对手反应过来之前迅速撤退。有时候也会出现变化。他们可以顺着河流进入内陆，在复杂的袭击计划中，一个突袭队可以通过河流深入内陆，然后从陆地向目标进军，再通过不同的路线撤退，在预先安排好的地点与船只会合。突袭者还会偷走马匹，以提高行进速度以及携带战利品。

袭击的强度和频率都在增加。一些地方会被袭击多次，北欧人的目的是获取财富，而不是消灭当地居民，因此至少在某些情况下，暴力袭击的危害被控制在较低的程度。对袭击者来说最好的情况是，一个定居点遭受掠夺后，其社会生产还能够恢复，以便他们日后再次掠夺。因此，尽管有些突袭者会肆意破坏城镇和杀害俘

> 对袭击者来说最好的情况是，一个定居点遭受掠夺后，其社会生产还能够恢复，以便他们日后再次掠夺。

虏，将奴隶拿去出售也很普遍，但他们有时也通过展示武力然后接受贡品来达到目的。随着时间的推移，这种做法逐渐演变成了缴纳丹麦金。

对800年的北欧人来说，抢劫一座城镇并杀死任何试图保卫它的人，并没有什么不对。的确，在北欧文化中，虽然窃取财产是不光彩的，但在战斗中赢得的东西——即使是一边倒的战斗，也可以被当作战利品。北欧史诗《埃吉尔萨迦》①中的一个故事体现了他们这种观念。埃吉尔和他的手下突袭一个农场，发现那里的居民正在睡觉，所以他们拿上想要的东西后朝自己的船走去。走到一半，埃吉尔意识到这样不符合当时人的观念，于

---

① 《埃吉尔萨迦》（*Egil's Saga*）是10世纪久负盛名的六部北欧史诗中的一部，相当于古希腊的《伊利亚特》《奥德赛》。它讲述了一位中世纪战争诗人经历的许多维京式历险故事。在许多欧洲语言中，"萨迦"已成为一个标准名词，用来指中世纪冰岛或者挪威的英雄故事，或者指讲述一个家庭一代人以上重大事件的长篇记叙作品。中国社会科学院外国文学研究所著名的北欧文学专家石琴娥研究员曾说："冰岛萨迦是欧洲中古年代独秀一枝的文学瑰宝。"——译者注

## 冰岛萨迦

很多时候，我们对北欧文化和历史的了解来自许久之后才出现的传奇故事。北欧人没有留下文献资料，他们认为历史太过神圣，不能用文字记录。相反地，斯堪的纳维亚吟唱诗人以诗歌的形式将法律、历史和英雄传奇记下来，然后在需要时背诵出来。押韵可以让一个吟唱诗人确保他所吟唱的内容是正确的，而一种机智的短语——隐喻表达法，可以用来描述一种画面或帮助诗歌押韵。比如，一个慷慨的人可以称为"黄金的敌人"，一艘船可以称为"骄傲的海马"。

这些口述历史最终被书写出来，最著名的是冰岛修士斯诺里·斯图鲁松（Snorri Sturluson）的作品。他的作品撰写于1200年左右，而且可能参照了传说故事或不真实的史料。毫无疑问，他也带有偏见——不管是否存心，因为他的作品必须通过他所属教会上级的审查。尽管如此，这些传说仍然是了解北欧人生活、文化和宗教信仰的最佳资料。

是带着手下回到农场。此时居民已醒来，埃吉尔的战士杀死了男人，赶走了女人和孩子，并焚毁了建筑物。这场对缺少装备、人数众多的农民的胜利满足了他们的荣誉心，也让埃吉尔一伙人认为，这次突袭是合乎规则的。

### 扩张到俄罗斯

北欧人与居住在波罗的海另一边的人有联系，他们可以从芬兰湾渡过涅瓦河进入拉多加湖。从旺德尔时代开始，做贸易和探险的人就沿着这条路线前进。在北欧人经过的地区，总有少数人定居下来。这些地方是斯拉夫人的家园，这里有很好的生存条件。随着时间的推移，这些北欧居民逐渐被称为罗斯人（the Rus）。

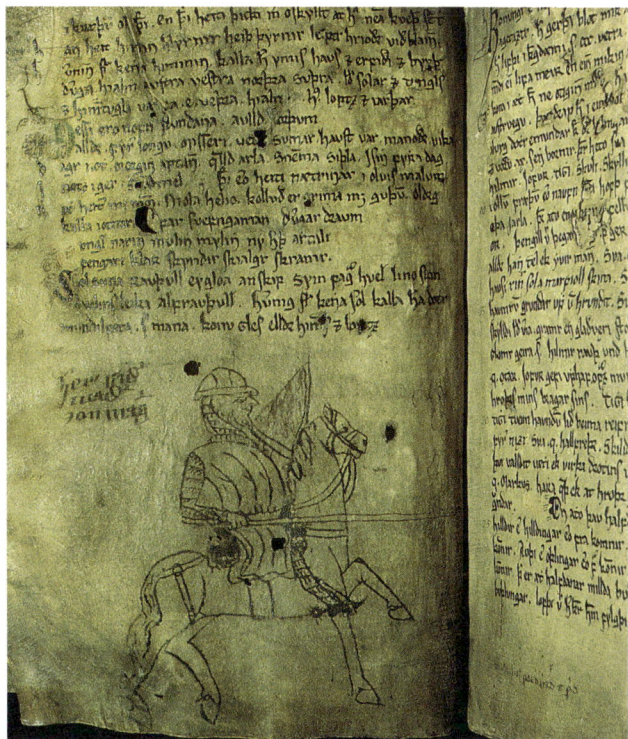

左图：《散文埃达》和《诗体埃达》。《散文埃达》是斯诺里·斯图鲁松的作品，是一部阐述《诗体埃达》（作者另有其人）的著作。这两部作品虽然不尽真实，但从中我们可以了解到很多关于北欧人和他们生活方式的信息。

这一切究竟是如何发生的，仍有待探讨和论证。一些资料显示，现在俄罗斯境内的城市是由北欧人建立的，但具体的事实我们还不清楚。很可能精力旺盛、雄心勃勃的北欧人融入了当地的斯拉夫社会，并逐渐进入权力高层。这在那个时代很普遍，统治阶级和他们的直接支持者往往是战士。由于北欧人比当地人更好战，他们也就自然而然地扮演了这一角色。

北欧人不仅是战士，也是成熟的商人和熟练的工匠。他们定居后，促进了当地经济的繁荣。其中的两个城市——诺夫哥罗德和基辅，作为当地最重要的城市而尤其繁华。在那里，融合后的北欧人和斯拉夫人通常被称为"基辅罗斯"。"罗斯"一词最初可能是指斯堪的纳维亚的武士阶层，后来所有的斯堪的纳维亚人都被称为罗斯。

我们对这一地区的了解大多来自《往事纪年》——一部1100年左右参考基辅的各种资料写成的史书。根据这部史书，一位名叫留里克的北欧人建立了罗斯第一个王朝。[1]《往事纪年》称留里克王朝的人为瓦里亚基人[2]，这是当地人对北欧人的称呼，在拜占庭也适用。留里克和他的战士应当地居民的请求去镇压当地部落的叛乱，这场叛乱威胁着拉多

上图：当时俄罗斯境内的斯拉夫人请求留里克和他的族众——也就是他们所称的瓦里亚基人，来处理他们围绕拉多加湖地区产生的部落争斗。

① 俄罗斯历史上只有两个王朝。第一个是9世纪留里克建立的留里克王朝，1598年伊凡四世（雷帝）的儿子费多尔去世后，因为没有子嗣，统治俄国700多年的留里克王朝从此覆亡。经过数年混乱，又建立了与之存在血缘关系的第二个王朝——罗曼诺夫王朝，该王朝在1917年被二月革命推翻。——译者注

② 也译作"瓦兰吉亚人"，俄国历史上对诺曼人的称呼。8世纪，他们出现在东欧平原，经常抢劫财物，还掳掠人口为奴，并将之贩卖给拜占庭帝国。他们在征服东斯拉夫人后建立俄罗斯历史上的第一个封建王朝留里克王朝。——译者注

加湖地区的贸易路线和定居点。

留里克建立了一个名为诺夫哥罗德的定居点。根据传说，这个定居点后来演变成为如今的诺夫哥罗德市。留里克于879年去世，他的弟弟奥列格（Oleg）继承其权力，并领导了夺取基辅的战争。基辅由此成为罗斯国的首都。按照传统，王朝的继承人居住在北部首都诺夫哥罗德，罗斯国整体由基辅统治。今天，人们普遍认为留里克王朝是俄罗斯历史的开端。

基辅罗斯的繁荣，部分是由于它在东欧贸易路线上的地位。从拉多加湖地区可以进入第聂伯河和伏尔加河，然后一路航行到黑海和里海。这不是一件容易的事，在沿途几个急流处需要进行水陆联运。通过急流处时，一般先把货物卸下来，从附近的陆路运输；等船开到河流深阔处，再将货物装到船上，开始新的航程。通过这种费力的方法，可以把整批货物从波罗的海运到拜占庭。

**左图**：商队穿越东欧的大河，在几个急流处需要进行陆路搬运——一项费力且有时很危险的事情。一些港口处建有堡垒，这样做既可以保护这条贸易路线，又能从使用堡垒的人那里赚取钱财。

## 第聂伯河的陆上运输线路

第聂伯河上有七个大的急流，这些急流大都用斯堪的纳维亚式的名字。这些急流，当地人很可能早有他们自己的称呼，但商队航行途中，与当地人周旋的是北欧商人。北欧商人会告诉当地人这些急流的有关信息，于是商人们所言的急流名称就流传开来并被记录下来。为保护和控制这些急流处的港口而建造的贸易站和堡垒，逐渐成为北欧人掌控的主要群落，而贸易站和堡垒的所有者，则可从中获利。

**下图：** 第聂伯河是欧洲第四长河。北欧商队通过这条河进入黑海，并通过基辅在黑海沿岸进行贸易。

众所周知，北欧人与拜占庭帝国有着广泛的贸易往来，他们还利用丝绸之路交易来自东方的货物。我们至今没有弄清楚，北欧人往东究竟到了哪里？考虑到他们精力充沛和求知欲强的天性，他们很可

> 众所周知，北欧人与拜占庭帝国有着广泛的贸易往来，他们还利用丝绸之路交易来自东方的货物。

能到了非常远的东方。关于北欧人到达中国，或者驾着他们的长船驶出长江口到达更远地方的说法，在现实中虽毫无根据，但确实不时冒出来。

## 生活在拜占庭帝国的北欧人

860年，罗斯国对毫无准备的拜占庭帝国发起了一场大规模的突袭，并洗劫了该帝国的城市。之所以说突袭，是因为罗斯国有可能清楚地知道他们国境以南的情况，而且知道拜占庭的大部分军队被调去对抗阿拉伯军队了。这一行动清楚地展示了瓦里亚基人的武力，以及拜占庭皇帝宁愿将他们收入麾下用于对抗敌人而不是与之为敌的事实。此后，罗斯国不时与拜占庭帝国发生冲突。

罗斯人和北欧人因此成为拜占庭雇佣兵的一大来源。最优秀或最有名的人会进入皇帝的卫队——瓦里亚基人卫队，此外任何战士都能在拜占庭谋生。在整个地中海地区，北欧战士都有很好的口碑，他们因用长柄斧作为主要武器而闻名。因为有太多的年轻人到拜占庭碰运气，以至于北欧人通过了这样的法律：一个人"在希腊"（即受雇于拜占庭帝国）期间不能拥有继承权。这至少能保证一部分战士在地中海生活一段时间后会返回家乡。

那些返回家乡的人在服役期间得到了丰厚的报酬，于是变得非常富有。他们带回家的财富促进了罗斯和斯堪的纳维亚经济的发展，但这样也鼓励了其他人去拜占庭服兵役。在其他时代，这样可能是人才流失——在这个例子中，更像是勇士的流失。但事实并非如此，许多后来颇有作为的

上图：皇帝西奥菲勒斯是众多拜占庭统治者中的一位，他受到瓦里亚基人卫队的保护。与西罗马帝国的禁卫军不同，瓦里亚基人通常远离政治，因此他们更可靠。

北欧领导人"在希腊"期间学习了开展贸易的知识，而且巧妙地将学来的经验用在了其他地方。

瓦里亚基人卫队存在的时间比维京时代更久。拜占庭帝国灭亡很久之后，他们仍然在与拜占庭皇帝曾经的敌人作战。卫队可以长期存在，并不只是依靠超强的战斗力。瓦里亚基人是外来者，与当地军队相比，他们不太可能被卷入宫廷阴谋，而且他们的民族文化高度重视忠诚。瓦里亚基人比其他军队更可靠，拜占庭皇帝非常重视这一点。他们可能略显粗野，热衷饮酒，以至于有"皇帝的酒囊"的绰号，但几乎在任何情况下，他们都是可以信赖的。

## 北欧诸神和基督教在北欧的传播

北欧人与他们的神关系密切，仿佛是家人。北欧诸神并不是遥远而可怕的存在，他们离人类非常近。尽管北欧人的神一般强大且受人尊敬，但如果有人觉得神让他失望了，他就可以责骂神。一个人可能会对一个神发表长篇大论，要求帮助，并威胁说如果他的行动没有成功，他将不再崇拜这个神。

北欧的万神殿非常复杂，它由两组神组成——埃斯尔和凡尼尔（the Aesir amd the Vanir），分别代表战争和丰饶。他们的敌人是巨人，北欧诸神推翻了巨人，成为世界的统治者。北欧诸神与巨人的冲突在所谓的"诸神黄昏"大战中结束，大多数神丧生于此战。最优秀的人类战士死后，其灵魂会在

下图："诸神黄昏"之战，北欧大多数神在从怪物与巨人手中拯救残存的世界时死去。

## 忠诚

对北欧战士来说，忠诚和尊重是相辅相成的。首领会给战士送礼物，为他们摆设筵席，待他们以尊重。作为回报，战士会对首领忠诚。若一个首领轻视战士，或者认为战士的忠诚是理所当然的，那他很容易被发现。战士们也会放弃他而去选择更好的首领。随着时间的推移，这种情况也发生了变化。北欧土地上出现了王国，军事组织的个人色彩愈发淡薄，但直率的忠诚和首领与战士相互尊重的传统仍然是北欧文化的重要特征。

英灵神殿和弗尔克范格（Fólkvangr）的大厅里度过漫长的岁月，他们享用盛宴，为战斗做准备。

"诸神黄昏"带来了巨大的破坏，无数凡人和神被杀，甚至世界本身也尽数崩坏。然而，这也是一个重生的时刻，战后世界建立起新的秩序，幸存者过上了富足的生活。在北欧宗教和哲学理念中，一切事物，包括神，都必定有一个结局。短暂但辉煌的生命胜过漫长而平凡的一生，给别人留下深刻的记忆，比一切其他事物都更为重要。

北欧诸神在社会中都承担了特定的职位，而且大多数都身兼多职。所以，诸神之父奥丁（Odin），是一个智慧且狡猾的国王，同时也是一个可以表演魔术的神秘人。托尔（Thor）最主要的身份是一位战士，但农民也很尊敬他，因为他带来了雨水。

北欧人通过商队贸易接触到基督教。传教士到达他们家乡时，他们并没有什么反应。而且，许多北欧人非常愿意承认基督教的神，他们已经有很多神了，再多一个也不会带来什么问题。考古学家发现过既可以铸造基督教十字架又可以铸造锤子的模具，锤子是北欧雷神托尔的象征。这表明北欧人可以容忍基督徒，宗教物品是存在的；或者还可以证明许多北欧人

左图：奥丁是一个复杂的神。他是一个可怕的战士，也是一个狡猾的国王，同时也是智慧的化身，还会施魔法。他有一匹名叫斯莱普尼尔的马，有八条腿，这匹马可以在各个世界之间奔跑。

除了信奉他们自己的神，也崇拜基督教的上帝。

　　早期的传教士可能被这种态度激怒了。他们认为北欧人应该放弃他们的旧神，皈依基督教，而不是接受并吸收新的神作为他们万神殿的一员。尽管某些修道院的文献可能会提到狂热和神圣的传教士改变了北欧异教徒信仰的事，但基督教在北欧的传播很可能是断断续续的，而且完全没有达到传教士的期望。在有基督徒的地方，北欧人似乎接受了他们宗教的一些元素，但是并没有一个明确的大规模皈依基督教的时刻，而且北欧人也没有彻底抛弃他们的宗教。

最终，北欧诸王国变成了基督教王国。传教士更多的是说服人们相信基督教是他们唯一的宗教，而不是让他们接受它。似乎北欧人并没有欣然接受一神论的思想，经过很长一段时间，他们才变成"正统"基督徒。

政治需要是统治者转变信仰的一个原因，统治者信仰的转变又促使普通民众皈依基督教。当北欧王国变得更像欧洲诸国，并开始参与国际政治而不是一味掠夺时，与他们结盟便成为可能。对欧洲王国来说，同为基督徒的人比异教的野蛮人更适合做合作伙伴。这在民众层面同样适用。如果北欧商人是文明的基督徒，那他们就更容易被异国顾客接受。所以那些接受了基督教服饰的人通常在事业上更成功。最重要的是，北欧人是一个务实且信奉机会主义的民族。他们发起突袭或进行贸易，或者待在家里和农场里，这取决于什么能带来最高的回报。他们似乎以同样的方式对待宗教。不管当时的基督教史学家怎么想，洗劫修道院与信仰毫无关联。同样，他们接受基督教也出于务实的考虑。新宗教提供了机会，有优势，因此比旧宗教更可取。

下图：符文石是在基督教传入斯堪的纳维亚前后创造的。这块符文石是"蓝牙王"在10世纪中后期命人创作的，上面刻的是基督的图像。

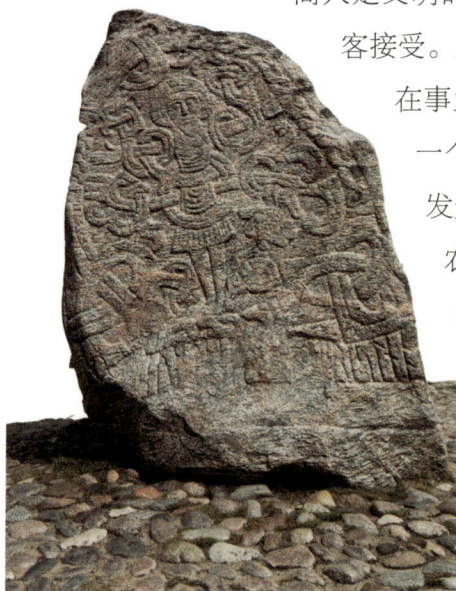

## 早期海上探险

　　任何海上航行都充满了风险，哪怕是沿着海岸到附近一个熟悉的地方。然而，北欧人在开放海域上冒险时，几乎没有任何应对天气变化的保护措施，只有最基本的帆。即使这条航线已经走过，由于洋流和变幻莫测的风向，实际到达的地点也有多种可能。一艘打算穿过北海驶向诺森布里亚海岸的船，实际上可能在东盎格利亚或苏格兰南部登陆。在这类航行中，没有复杂的导航设备，甚至没有好的航海图，水手只能朝着大致正确的方向前进，并希望一旦发现陆地便能识别出相应的地标。

> 北欧人在开放海域上冒险时，几乎没有任何应对天气变化的保护措施，只有最基本的帆。

下图：北欧船只经常在船头雕刻龙头。除了龙，还有其他造型，包括蛇。但是考古学家并没有发现这种“龙船”的相关遗存。

上图：北欧人把符文石留在他们定居的地方，符文石上通常刻着神话故事或英雄事迹。图中这块符文石是在马恩岛发现的。

穿越更广阔的水域更是一大挑战，早期前往大西洋的探险者甚至无法确定前方是否有陆地。很多时候，他们必须决定是继续前进，希望在补给品耗尽之前找到陆地；还是掉头返回，期盼到达一个对他们友好的海岸。毫无疑问，许多船只就是这样失踪的，而伟大的发现在很大程度上是偶然的。

北欧人知道不列颠群岛的存在，他们可以很容易地到达那里。先是沿着欧洲北部海岸航行，然后再转弯穿过狭窄的海峡就可以。只要船通过不列颠海岸，挪威西海岸的船员就相当确信他们可以向西航行到达不列颠。然而，这不是怯懦者可以胜任的航行。对于许多早期的水手来说，出发前看陆地的最后一眼，是非常令人心酸的。

沿着海岸航行，可以到达其他地区。环绕苏格兰航行可以到达爱尔兰和马恩岛，沿着欧洲海岸线可以进入地中海。北欧贸易船和突袭者会进入地中海，在那里待一段时间，然后再长途中转回家。他们通常让船只在夜里靠岸，但仍需要小心——如果被发现的话，当地人可能对他们不太友好。

从熟悉的地方驶向茫茫大海，地平线是完全未知的。不过北欧探险队在825年左右发现了法罗群岛，并在那里建立了殖民地。有人认为，当北欧人到达时，这些岛屿已经有人居住了，他们可能是从奥克尼群岛或设得兰群岛（the Shetlands）过来的。爱尔兰修士迪克伊的著作中提到了从不列颠向北航行到达的岛屿，还记录了第一批登陆冰岛的北欧探险者是如何在那里发现一个爱尔兰修士团的。

　　因此，早期的北欧探险者可能十分确信，穿过未知的海域可以找到陆地。然而，在浩瀚的大海中，像法罗群岛这样的岛群不过是一个小目标，船被风或潮汐推离航线就很可能彻底错过它们。很明显，冰岛就是这样被发现的，水手们原本是向法罗群岛进发。随着岛上居民的增加，他们与大陆之间的交流加强了，导航精度也提高了，尽管只是基于经验法则——水手们了解了当地的洋流和天气模式。

*下图：时至今日，在北欧人的一些定居点，先人遗风尚存。在法罗群岛的克威威克，人们可以看到一千多年前北欧人生活的遗迹。*

北欧人可能使用天然的极化材料来辅助导航。这些被称为太阳石的晶体，即使在阴天也可以指示太阳的位置，从而对航线进行估算。在北欧传说中提到过这些材料，而且存在一些可能是使用痕迹的证据。当然，这个理论是合理的——一些动物和鸟类能够看到阳光的偏振并将其用于确定方向。

上图：冰洲石是一种可以使光极化的方解石。这可能就是一些传说中提到的帮助在开放水域航行的"太阳石"。

## 北欧王国海上探险的收获

人口向岛外迁移，一定程度上是机会主义驱使的——在其他人到达这些岛屿之前，早到的人可以拥有一些好的土地。此外，政治压力也是一个原因。到8世纪后期，北欧大陆上已经出现了一个个大的王国，然而并不是每个人都喜欢这样的王国。有些人宁愿更加独立，另一些人则试图远离他们的敌人。因此，设得兰群岛、奥克尼群岛和法罗群岛这些新发现的岛屿对他们就具有了某种吸引力。居住在小的岛屿上，对本质上是海洋民族的北欧人也很有吸引力。

发现冰岛后，出现了类似人口迁移的行为，新一波移民紧随着探险者的脚步到来了。《冰岛人之书》记载，到930年，所有的好土地都被占领了，尽管在这之后人口迁移仍在继续。随着时间推移，冰岛逐渐发展成一个独立的国家，它摒弃了君主制，转而实行一种更加民主的制度——阿尔庭①。冰岛作为一个政治实体，置身于欧洲事务之外。不过仍有寻找机遇的人在两地往返。他们通常用一年时间航行到冰岛，第二年返回。因此贸易探险需要付出很大的努力。然而，只要知道那里确有陆

**下图**：从930年到18世纪末，每年都会在辛格韦德利召开国家议会阿尔庭。1928年，辛格韦德利成为国家公园，以保护其独特的文化遗产和当地的野生动物。

---

① 冰岛议会，每年夏天在辛格韦德利的野外开会，持续了10个世纪。参加议会的是36个地方首领，冰岛事务主要由他们来决断。他们依据的是不成文的法律，智者的声音能够起很大的作用，民众的呼声却不那么受重视。它比英国议会还早300多年，是世界上最早的议会。——译者注

地，对勇敢的北欧水手来说，横渡危险的挪威海就是家常便饭。

格陵兰岛可能是这样发现的。人们假设，如果从挪威向西航行能发现陆地，那么在冰岛的西部一定有更多的陆地。这一点在930年左右得到了证实，当时冰岛水手被一场风暴吹到了西方很远的地方，他们说看到了陆地。然而，直到980年才进一步研究这个发现。在挪威已经被放逐的"红发"埃里克，因犯罪又被流放到冰岛3年。他一路向西探索，一直到达可以安全返回的最远的地方。他还研究了格陵兰的海岸。

下图：矗立在格陵兰岛卡西亚苏克村的埃里克·瑟瓦尔德松——人们更习惯用"红发"埃里克来称呼他——的雕像。在埃里克的时代，这个村庄的名字是布拉塔利德。

"红发"埃里克登陆格陵兰岛时，那里的气候比现在暖和。格陵兰岛适宜居住，至少在有遮挡的地方是这样，埃里克在那里建立了一个殖民地。他的新家园缺乏造船用的木材，需要一个比斯堪的纳维亚和苏格兰更近的木材来源。986年，又有一名北欧水手——这次是前往格陵兰岛——途中被吹离航线，然后见到了陆地。格陵兰

殖民地刚建立起来，"红发"埃里克的一个儿子列夫·埃里克松（Leif Eriksson）就带领一支探险队展开了更深入的探查。

　　列夫·埃里克松可能是在巴芬岛（Baffin Island）首次登陆美洲的，他并没有被那里的自然资源吸引。但在更深入的探险和与当地人的贸易中，巴芬岛确实成了一个登陆点。探险队继续深入，发现了拉布拉多海岸，那里有大量的木材。他们在美洲海岸外的一个岛上度过了冬天。这座岛可能是纽芬兰，北欧人在1001—1002年的冬天住在这里。

　　1009年或1010年，"红发"埃里克的女婿索尔芬·卡尔塞夫尼（Thorfinn Karlsefni）率领一支探

上图：列夫·埃里克松的船员是第一批在远处看到北美洲的欧洲人。不久之后，他们成为第一批踏上美洲的人。他们很可能在巴芬岛登陆，但是从未去过美洲大陆。

险队到新领地上建立殖民地，占领了列夫·埃里克松的要塞营地。他带了65名追随者，其中5名是女性。北欧人在美洲的殖民是短暂的，殖民地在3年后就被遗弃了。在这期间，索尔芬的儿子斯诺里（Snorri）出生了，他是几个世纪以来唯一在美洲出生的欧洲人。

> 北欧人在美洲的殖民是短暂的，殖民地在3年后就被遗弃了。但在那期间，一个孩子出生了。

北欧人与当地人发生了冲突，他们称当地人为斯克瑞林人（Skraelings，"贱民"之意）。他们在贸易中欺骗斯克瑞林人，并虐待他们，还自信地认为凭借他们的武装营地和欧洲武器将不惧对方的报复。然而，北欧人的定居点被当地人围攻，这处殖民地无法维持，因此不得不遗弃。

1015年以后，已经没有北欧人生活在美洲了，尽管他们可能仍与那些没有完全断绝往来的美洲部落保持贸易联系。随着气候变冷，在格陵兰岛附近水域航行变得更加困难，格陵兰岛的殖民地没落了。陆地上冰层扩大和海水结冰，导致了殖民地的衰落和最终崩溃。[1]但是直到15世纪中期，

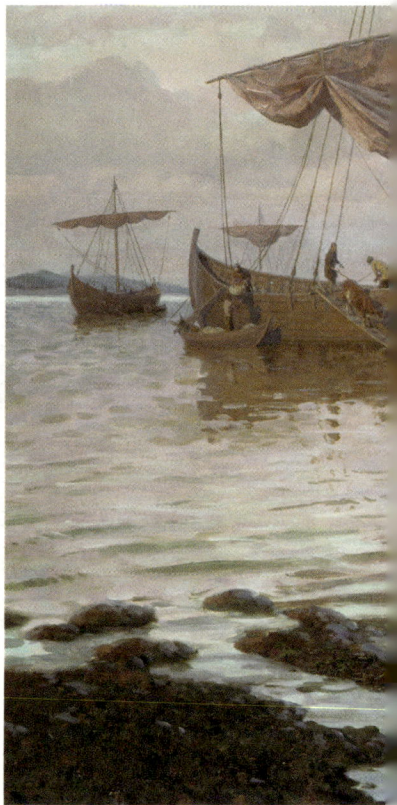

---

[1] 维京人自身的生产和建设水平并不怎么高，因此，他们离开自己的家园去探寻的，更多是富裕的场所而不是土地肥沃、资源丰富的地方。于他们而言，这才具有掠夺的价值。从这个角度说，美洲大陆对他们的吸引力就不如英格兰和爱尔兰那些富裕的修道院。此外，当时维京人武力不够，其武器的优势远不能和航海大发现时代的欧洲人相媲美。正是这些原因，使得维京人虽然很早就发现了美洲大陆，但却没有开发、建设这块新大陆，而是长时间地在英格兰等地展开掠夺。——译者注

仍有北欧人居住在格陵兰岛，殖民地彻底终结的日期是未知的。

索尔芬·卡尔塞夫尼在纽芬兰的殖民地是北欧人最西端的定居点，也可能是最西端的探险地。有一种说法流传很广，说维京人登陆了美洲大陆，并在那里留下了痕迹。但所有的证据都是不可靠的，或者是蓄意的骗局。尽管如此，维京人登陆北美的传说仍然很有吸引力——考虑到他们的本性，大约1000年前北欧人驾驶他们的船只沿着圣劳伦斯河航行，是完全有可能的。

**上图：**列夫·埃里克松将他发现的地方命名为"文兰"。从那时起，这个词的含义以及具体位置一直争议不断。

### 登陆不列颠

　　若是到达一处富饶的地方，北欧人就会定居下来，这种事情最初是很偶然的。北欧人没有像撒克逊人和日耳曼人那样大规模移民，可一旦发现新土地，就会有大量移民涌入其中。众所周知，北欧人从840年起就定居在都柏林地区。在政治上，他们最初只是其中的一股势力，后来成为当地主要的政治力量。冲突在这里非常普遍，但在大多数地区都没有敌我分明的情况。在不断变化的政治形势中，北欧人是当地人之外的一个派系，他们可能很容易找到盟友，也很容易找到敌人。

> 若是到达一处富饶的地方，北欧人就会定居下来，这种事情最初是很偶然的。

　　862年，罗斯人建立了诺夫哥罗德城，这是俄国北欧王国的开端。四年后，一个北欧王国在约维克（今天的约克）建立。很大程度上，这是诺森

### 肯辛顿符文石

　　1898年，在明尼苏达州的肯辛顿发现了一块刻有符文的石头。这似乎证明了北欧人确实探索过这一地区，并可能在那里定居了一段时间。这里还发现了其他人工制品，但无一例外，这些发现都是骗局。并没有北欧人在美洲定居的确凿证据。

**右图**：当时发现肯辛顿符文石引起了不小的轰动，语言差异使得人们对此进行深入调查，然后发现这是一场骗局。

布里亚内部的问题。866年，一支庞大的北欧军队在东盎格利亚登陆；同年，诺森布里亚国王奥斯伯特被推翻，他的弟弟艾拉上位。在东盎格利亚度过冬天后，北欧人进入现在的约克郡，击败了国王艾拉。他们用可怕的方式处死了国王，又任命了一个傀儡国王，然后离开这里，踏上新的征途。

当时的史学家把北欧军队称为"异教徒大军"。占领约克郡后，他们进入麦西亚，造成了巨大的破坏，后来又协商撤退到约克。尽管协议约定他们接受东盎格利亚的贡品，不去侵犯它，但869年异教徒大军还是征服了该地区，并进一步出击麦西亚和威塞克斯。最终，在878年的埃丁顿之战

**上图**：约克郡的约维克博物馆中有一个经过重建的典型的定居点。与当时的盎格鲁-撒克逊人以及其他民族的村庄相比，这些村庄并没有太大的不同。

中，异教徒大军被威塞克斯的阿尔弗雷德大帝击败。886年签订了一份条约，把英格兰东部从诺森布里亚边界一直延伸到泰晤士河口的地区交由北欧人控制，这就是丹麦区。

## 挪威统一

　　斯堪的纳维亚半岛的部落逐渐合并、壮大，各地小王国慢慢形成了一个体系。在这个体系中，各地区酋长效忠于领主，领主对酋长有控制权。860年，在"黑发王"哈夫丹（Halfdan）治下，这个地区开始向统一大王国的方向发展。哈夫丹是"猎人"戈佐尔德（Gudrød）的儿子，他声称继承了父亲的王国，但是他也不得不与同父异母的弟弟奥拉夫争夺王位。哈夫丹的权势逐渐稳固，他通过征服和谈判相结合的方式，把其他小王国置于自己的控制之下。

　　哈夫丹大约死于870—880年，因为他的马掉进了一个冰冻的湖里。他年仅10岁的儿子哈拉尔德成为国王，年幼的国王成功地保住了父亲的大部分战果。但哈拉尔德后来的军事行动显然是为了赢得一个女孩的芳心。这个女孩就是霍达兰公主，他发誓在征服挪威全境之前不剪头发。他遵守了自己的誓言，在十年征战中被称为"海盗王"哈拉尔德，而且他终于迎娶了霍达兰公主。哈拉尔德后来被称为"金发王"哈拉尔德。

## 拉格纳·洛德布鲁克

　　我们对传奇人物拉格纳·洛德布鲁克知之甚少。

　　传说中，他穿着神奇的裤子（因"多毛的裤子"得名），这样可以保护他，使其免受被自己杀死的龙的龙焰伤害。后来，他被诺森布里亚国王艾拉俘虏并处死，拉格纳的儿子们征服了诺森布里亚，又杀死了艾拉。

左图：《弗莱特岛记》记载了许多传说，包括"金发王"哈拉尔德的故事，说他释放了巨人多弗里。手稿中还包括奥克尼岛和法罗岛居民的历史，以及格陵兰殖民地的历史等内容。

　　并非所有人都乐意看到哈拉尔德统一挪威。在他统治期间，不时发生叛乱和外敌袭击，这些敌人在偏远的峡湾和苏格兰建立了基地。890年，哈拉尔德在如今的斯塔万格（Stavanger）附近击败了敌人的联军，巩固了他对王国的控制。哈拉尔德以前的许多对手以及那些不想被他统治的人，都迁到了新的地方。这加快了他对其他地方扩张和殖民的步伐。哈拉尔德死后，他的儿子埃里克继承了王位。埃里克的早期活动是真正的维京式突袭和劫掠，他不是一个温和的统治者。对于埃里克，人们更熟悉的是他的绰号"血斧王"，他的很多事迹都来源于不太真实的传说。为了巩固自己的统治，他似乎杀

上图：埃里克·哈拉尔德松，人们更熟悉的是他的绰号"血斧王"。他曾经是挪威的国王，而且两次成为诺森布里亚的国王。他传奇而丰富的一生体现了北欧人的冒险精神。

## 丹麦人或北欧人？

当时许多史学家把所有斯堪的纳维亚人都称为"丹麦人"，有时候这是不准确的。

通常意义上的北欧人还包括瑞典和挪威的居民，以及都柏林或冰岛等地北欧血统的人。当时的著作中提到的"丹麦人"几乎都可以用"北欧人"代替。

掉了自己的兄弟，不过他的统治后来被幸存的兄弟哈康推翻。

被赶下王位的埃里克一度重操旧业，成为海上突袭者。他到诺森布里亚碰运气，似乎英格兰国王埃塞尔斯坦将他送上了诺森布里亚王位，希望他在这里建立一个缓冲地带，以抵御其他北欧人和苏格兰人。但是，这个策略并没有成功。埃里克两次被赶出诺森布里亚，他的统治时间是947—948年和952—954年。他在954年的斯坦摩尔之战中被杀，这也结束了在诺森布里亚时断时续的北欧王国。

# 第6章

# 黑暗渐去，封建王国出现

黑暗时代的最后200年，强大的封建王国出现了。这些王国将决定欧洲未来几个世纪的命运。其中最伟大的是法兰克王国，在其基础上，最终产生了法国、意大利和德国。

768年丕平三世死后，按照当时的习俗，他的儿子们瓜分了法兰克王国。3年后，丕平的长子卡洛曼去世，他的弟弟查尔斯——就是历史上大名鼎鼎的查理曼——成为法兰克唯一的统治者。

当时，查理曼与一位伦巴第公主成婚，公主的名字很可能是格佩加（Geperga）①。联姻使得他与意大利北部的伦巴第人结成联盟，但教皇对此并不满意。卡洛曼死后，查理曼成为统一的法兰克王

**前页图**：任何一座靠近河流的城市都有被北欧人攻击的危险，但北欧人在885年对巴黎的袭击是不同寻常的。因为这一次是围攻而不是突袭。

---

① 第80页图注的却是埃蒙加尔达（Ermengarda，历史上更广为人知的名字是德西德拉塔，Desiderata），她是伦巴第国王德西迪里厄斯的女儿。——译者注

上图：丕平三世遵循法兰克人的做法，把自己的领地分给儿子们，而不是把它完整地传给唯一的继承人。这种权力的细分削弱了王国，并且容易引起冲突。

国国王，但他的地位很不稳定。为了巩固自己的王位，他把格佩加送回家，又娶了一位法兰克贵族女子。这一定程度上让伦巴第王国不满，于是伦巴第国王德西迪里厄斯决定为卡洛曼的遗孀和年幼的儿子提供庇护。

772年，德西迪里厄斯和教皇发生争端，这给查理曼入侵和征服伦巴第提供了借口。此后，伦巴第王国成为法兰克人的领地，伦巴第的铁王冠成为后来神圣罗马帝国王权的一部分。此时距离神圣罗马帝国建立还有几年时间，查理曼正面临来自西方的反对。于是，查理曼对撒克逊人和他们的盟友弗里斯兰人（Frisians）出兵，接下来的30年里，他扩大了法兰克的疆域。

查理曼并不是一个仁慈的征服者，他对异教徒和那些不接受基督教信仰的人尤为严酷。这样做也许教皇是非常满意的，但却激起了被征服者的恐惧和仇恨。他的征战并非一帆风顺。778年，应半独立城市萨拉戈萨的援助请求，查理曼进军伊比利亚。这场战争以查理曼的失败告终，失败的主要原因是萨拉戈萨改变了想法，不再向往法兰克式的统治。为防止来自伊比利亚的威胁扩大，查理曼允许他的儿子路易统治阿基坦。阿基坦位于现在的西班牙北部，路易通过一系列的战争，在此建起了法兰克人的据点。

随着西南边境形势的缓和，查理曼再次将注意力转向东部。他吞并了巴伐利亚，打败了衰落的

阿瓦尔王国。而单靠武力不可能捍卫如此庞大的帝国，因为查理曼有效地平衡了各方势力。他与教皇保持良好的关系，这大有益处；与遥远的强国，如拜占庭皇帝和阿拔斯王朝哈里发，也保持联系；查理曼还插手英格兰王国的事务，尽管他与麦西亚奥法王①的关系并不好。

**上图**：赢得胜利的法兰克人将原先伦巴第的领土献给教皇。这引发了伦巴第人的抗议，法兰克人与伦巴第人之间的关系恶化。这又导致了另一次法兰克征服——这次是由查理曼发起的。

---

① 不列颠的亨伯河以北是诺森布里亚王国，以南为麦西亚王国。在后罗马时代的大部分时间里，麦西亚王国是亨伯河以南最强大的国家。奥法在位时麦西亚王国达到鼎盛，此后它就走向了衰落。——译者注

查理曼统治下的法兰克帝国被划分成几个郡，每个郡由一位伯爵统治，他们管理领地并从中获利。这些伯爵大都是支持查理曼的贵族家族成员。他们一直支持查理曼，这对家族非常有利。这一时期，宗教人员在世俗权力中获得了豁免权。这种制度在查理曼去世后的很长一段时间仍然有效。

查理曼的统治是封建制度的开端，在接下来的几个世纪里，封建制度将主导欧洲。王室根据自己的喜好任命官员，支持王室的人可以享受高官厚禄。此时，经济措施促进了繁荣，如统一度量衡，并强制执行。经济的繁荣和强大，又促进了人们对经济政策的支持，从而增强了政权的稳定性。

799年，教皇利奥三世受到对手攻击，前来寻求查理曼大帝的庇护。于是，法兰克人出兵援助教皇，助他打败了对手，维护了自己的权威。这使得欧洲政治中出现了一个新角色——教会的军事保护者和教皇意志的执行者。

## 神圣罗马帝国皇帝

800年的圣诞节，教皇利奥三世为查理曼加冕，他成为"罗马人的皇帝"。此处的"罗马人"不是指罗马、意大利或早已消失的罗马帝国公民，而是罗马古典文明的继承者。"罗马人"本质上是欧洲的文明人，而查理曼是他们的皇帝——至少教皇利奥三世是这么认为的。

这次加冕授权查理曼可以对抗教皇的敌人，并确立了他作为整个基督教世界守护者的地位。然而，这并不意味着神圣罗马帝国突然在整个欧洲建立起来了。两年后，查理曼才开始自称"统治罗马帝国的皇帝"。但是他似乎一直认为自己是法兰克国王，而非另一个更伟大的身份。

13世纪，人们才开始使用"神圣罗马帝国"这个名字。不过由一个强大的君主主持欧洲基督教事务的想法早已确立。814年查理曼去世，他的儿子"虔诚者"路易继承了王位。尽管路易遵循法兰克人的做法，将王国分

## 加洛林战士

当时的文献记载，查理曼及其率领的加洛林战士全身披覆铁甲，但实际上我们很难获得加洛林战士装备的确切资料。关于他们的描述，有很多非常明显的时代错误，他们要么使用罗马风格的装备，要么穿戴再过500年都未出现的盔甲。很有可能，普通战士配备长矛和盾牌，也许还戴着头盔，但身体部位没有盔甲。精锐部队身穿高品质的锁子甲，长及大腿，他们手持长矛和剑，骑在马上作战。

下图：加洛林王朝的骑兵形象。他们通常身穿鳞甲或锁子甲，头戴金属头盔。

给了儿子们，但他似乎自视为基督徒的皇帝。

路易的儿子们麻烦不断。他们时而合作，时而彼此争斗，最后联合起来反对自己的父亲。833年，路易被迫退位，但第二年他又复位。和解之后，路易的儿子洛泰尔（Lothair）加冕，成为法兰克传统的联合统治者。洛泰尔继承了他父亲的王位，但在那个时代，划分王国是法兰克人传统的统治方式。尽管有过短暂的统一，900年，加洛林王朝还是解体了。

在其内部政治形势和统治者的谋划之下，法兰克王国一直是分裂的。这样他们就不能团结一致抵抗北欧突袭者。后来的加洛林王朝统治者缺乏查理曼的才能和气魄，王国持续衰落。最终，卡佩（Capet）家族在987年登上了法兰克国王的宝座。尽管如此，他们的王国——在一系列新国王的统治下——在整个中世纪乃至更久以后，仍然存在。

## 北欧突袭者的转变

在加洛林王朝鼎盛时期，即使遇到非常强大的北欧人攻击，欧洲北部海岸也是相对安全的。在东部，查理曼跟留在欧洲大陆的撒克逊人打得如火如荼，因此他在面对北部的邻居时就急需援手。不过直到查理曼死后，北欧人的突袭才给法兰克王国造成严重困扰。

从820年开始，大量的北欧勇士沿着法兰克北部的河流，尤其是塞纳河，向法兰克的主要城市发起进攻。最初的突袭有13艘船，虽然被击退，但其他船只紧随其后。"虔诚者"路易的儿子们为争夺父亲的王国而征战不休，法兰克王国内部危机四伏。841年，北欧人发动了一场大规模的突袭，洗劫了鲁昂。

845年，尽管巴黎采取了防御措施，比如加固桥梁、建造河堡，但仍然遭到围攻。北欧人组织了一支120艘船的军队向塞纳河上游推进，途中遇到了"秃头"查理（查理二世）军队的阻击。法兰克人的兵力被河流分为两部分，北欧人集中力量先击败其中一部分，然后再向巴黎进军。到达巴黎后，北欧人发现大部分居民已经逃走，而且他们认为撤退时可能会受到"秃头"查理军队的攻击，处境不妙。但是，查理觉得巴黎被围困一事无法通过军事手段强行解决，于是他转而贿赂北欧人，让他们离开。

这是丹麦金的另一个例子，统治者付钱让北欧人离开他的领地。这正合北欧人的心意，因为他们可以腾出手去突袭别的地方，或者向这些地方勒索财物。勒索丹麦金，以及控制其追随者让他们以自己的行为为荣，这取决于北欧社会性质的转变。一个世纪以前，北欧四分五裂的部族和小王国不可能进行这种大规模的敲诈勒索——尤其是他们没有足够强大的领导者，可以阻止其他人来袭击他们锁定的目标。

851年，北欧人开始对法兰克王国进行又一次大规模的入侵。他们占领了鲁昂，将它作为下一步行动的基地。北欧人占领了修道院，但他们并没有抢掠和摧毁修道院，而是以此要挟法兰克国王，向他勒索更多的财物。

上图：“虔诚者”路易并不是他父亲那样的皇帝。在查理曼与外部敌人进行战争并建立帝国的地方，路易在与他的儿子们作战，并努力保持不败。

上图：巴黎的防御策略很糟糕，所以一支很可能由拉格纳·洛德布鲁克率领的北欧军队有机会围攻它。围城后，除了掠夺，北欧人还勒索了一大笔财物，作为撤离巴黎的回报。

事实证明，利用北欧人来对付北欧突袭是最有效的。从860年开始，"秃头"查理雇用了一批北欧人来保卫法兰克的河流，使其免受袭击。这对其他地方的人来说是不幸的——可能因为异教徒大军在法兰克王国讨不到好处，所以他们转向东盎格利亚并最终到达英格兰。

876年，一支由100艘船组成的北欧舰队再次占领鲁昂。这支舰队造成了巨大的破坏，"秃头"查理只好又花了一大笔钱来摆脱他们。"秃头"查理在第二年去世，王位最终传给了"胖子"查理，但他的心思却在其他地方。所以，另一支北欧军队在

886年进攻巴黎时，保卫这座城市的重任落在了厄德（Odo，是他名字的日耳曼写法，也叫埃德斯伯爵）伯爵身上。他打算依靠一座设防严密的桥来阻止敌人入城。守军成功地击败了北欧人的第一次进攻，但无法阻止他们围城。

最终，"胖子"查理帮巴黎解了围，他按照惯例贿赂北欧人，让他们去别的地方。不过，他还有其他的想法。他没有直接回去，而是花钱让北欧人进攻勃艮第。这也许是一种巧妙的治国策略，让现时的敌人对抗潜在的敌人。但这并不能阻止"胖子"查理的统治被推翻，最后厄德登上王位。

厄德死后，王位传给了"糊涂"查理。他要面对一个难题——北欧人逐渐在北部沿海地区站稳脚

下图：查理二世在位时，王国内外交困。他被北欧人的突袭、不可靠的封臣以及与兄弟日耳曼人路易的冲突等问题困扰，查理只好向他的敌人交付财物，以换取和平。

上图：厄德伯爵在885—886年领导了一场成功的巴黎保卫战。后来他被选为法兰克国王，不过有很多人不接受。

跟。事实证明，驱逐他们是不可能的，所以查理决定招募他们。911年，查理将沿海岸的一片狭长土地划给一个名叫罗洛的北欧人首领，他很可能参与了围攻巴黎之战，这就是诺曼底和它的法属北欧居民诺曼人。

罗洛成了一名基督徒，至少在官方层面，他成为诺曼底的统治者时，取了"罗伯特"这个名字。虽然与"糊涂"查理有协议，但他依然在其他地方

上图：911年，罗洛在成为诺曼底公爵一年后接受洗礼。这是崇尚机会主义的北欧突袭者开始转变的标志。

## 伦敦桥要倒了

有人认为，《伦敦桥要倒了》这首歌起源于一次战事。当时人们尝试加固一座桥来抵抗北欧人袭击，但后来这座桥被北欧舰队摧毁了。

据说，北欧人在桥上系上绳子，然后大批乘坐长船战士猛力划船，将桥倾覆。不过，这个故事基本是没有依据的。

> 随着时间的推移，法兰克人的影响逐渐显现。一个世纪后，诺曼人已经变得更像法兰克人而不是北欧人了。

进行突袭。在罗洛活着的时候，诺曼人可能没什么变化。但随着时间的推移，法兰克人的影响逐渐显现。一个世纪后，诺曼人已经变得更像法兰克人而不是北欧人了。

### 斯堪的纳维亚王国

与800年相比，950年的北欧已经发生了很大的变化。宗教信仰的变化和大的王国出现，改变了北欧的社会性质。此时，北欧人可以组建异教徒大军那样的大型军队了。但另一方面，北欧人正在失去他们原有的特性。800年，他们是进行海上冒险的野蛮人；但到了950年，他们建立了早期的中世纪王国，其政治与其他文明国度相似。

此时"血斧王"埃里克被同父异母的兄弟挪威国王哈康一世废黜，埃里克的儿子与哈康时有冲突，哈康在961年受伤死去。继承其王位的是埃里克的儿子"灰袍王"哈拉尔德。当时，丹麦由"蓝牙王"哈拉尔德统治，他支持灰袍王控制其日渐缩小的王国。这使得灰袍王能够东山再起，从丹麦国王的影响中挣脱出来。

蓝牙王后来又支持灰袍王的对手之一哈康·西古德松，他是哈康一世

左图：961年，挪威国王哈康一世在菲恰尔岛的战斗中受到致命伤害。他在位时多次与"血斧王"埃里克的儿子们发生冲突，包括"灰袍王"。

的儿子。哈康·西古德松暗杀了灰袍王，成为挪威国王，称哈康伯爵。作为对蓝牙王支持的回报，哈康伯爵将自己置于从属地位，使蓝牙王成为统一的斯堪的纳维亚半岛的国王。蓝牙王在960年左右皈依基督教，使斯堪的纳维亚至少在名义上融入基督教世界。他统治挪威的时间很短，974年战败后，他的权力大大减弱。986年左右，他被儿子斯汶·福克比尔德（即斯汶一世）废黜。

斯汶一世通过对英格兰发动攻击然后收取丹麦金的方式，增加了王国的财富，同时也加强了他对挪威的控制。1013年，他再次入侵英格兰，打败"仓促王"埃塞尔雷德二世，并短暂地成为英格兰的国王。他在加冕前几周去世，死后局势混乱。后来，他的儿子们成为各自王国的王，其中一个儿子哈拉尔德加冕为丹麦国王，另一个儿子克努特加冕为英格兰国王。

右图：最初，为了给王国提供财富，斯汶一世袭击了英格兰。这使得埃塞尔雷德二世下令屠杀居住在英格兰的丹麦人。斯汶发誓要报仇，他率军重返英格兰。有些地方屈服了，但他们在伦敦遭遇了激烈的抵抗。

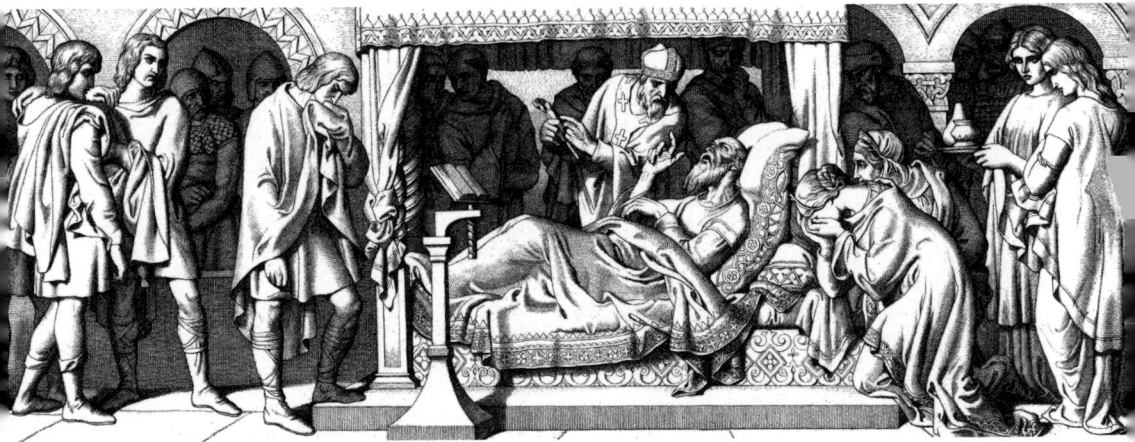

克努特的两个儿子"飞毛腿"哈罗德和哈德克努特先后继承了英格兰王位，此后统治权又回到了"仓促王"埃塞尔雷德二世手中。后来，"虔诚者"爱德华（也就是众所周知的"忏悔者"）登上了英格兰的王位。爱德华没有孩子，也没有明确的继承人。于是，在他1066年去世后，引发了政治动乱。

## 封建主义出现

封建制度起源于早期部落社会所建立的忠诚等级制度。从理论上讲，一个社会阶层对它的上层和下层都负有义务。社会上层大多是武士，武士阶层下面是工匠和商人，劳动人民则处在社会底层。贵族和国王拥有几乎不可撼动的权力，只有叛乱以及与同样强大的贵族的冲突能够威胁他们。

这个时候，马是社会地位的主要象征之一。许

**上图：**"忏悔者"爱德华之死。当时并没有明确的继承规则，他去世后引发了一场争夺英格兰统治权的三方斗争。诺曼人胜利了，这标志着以北欧和盎格鲁-撒克逊势力为代表的旧秩序结束了，一个新的时代即将开始。

上图：封建主义产生于不太正式的部落等级制度。在封建社会中，各个阶层界限明确。虽然中世纪王国的起源逐渐被仪式和传统文化掩盖起来，但是这些王国是靠武力建立起来的，而非任何贵族遗产或神圣的权利。

多表示"贵族"的词，如武士或骑士，
都源于拥有马匹，但当时骑士精神尚未
出现。这个时代的"骑士精神"不过意
味着拥有一匹马，不过这也包含了对封

> 许多表示"贵族"的词，如
> 武士或骑士，都源于拥有马匹，
> 但当时骑士精神尚未出现。

建制度的期望。骑马战士地位的尊崇，人们期待他们是勇敢、可靠和忠诚
的。这些因素最终发展为中世纪的骑士精神。

封建制度下的武士阶层，同时也是小块面积领土的统治者，这样可
以减轻供养军队的负担。理论上讲，封地的收益足够领主维持他的各项支
出，而领主有义务在上级领主发出命令时为其效劳。有战事需要时，领主
会征召人员组成军队，来辅助这一小部分专业战斗员。有些人可能是职业
战士，装备不如贵族，但经验丰富，技术娴熟。另一些人则是临时召集起
来的，他们可能装备很差，战斗力不高。然而，这是一个军阀和后部落社
会的时代。在这个时代里，普通农民或城镇居民也需要参加一些战斗。武
器和作战技能在部落社会代代相传，这种传统并没有消失。因此，早期封
建军队是介于大迁移时代的部落军队和下个世纪才会出现的中世纪军队之
间的一种军事力量。

## 从北欧人到诺曼人

北欧人首领罗洛接受了"罗伯特"这个名字，并在"糊涂"查理将诺
曼底割让给他之后，与法兰克王室联姻。他没有使用"诺曼底公爵"这个
名号。事实上，除了名字以外，他并不是一个法兰克贵族。不过，他确实
用极大的热情来维护法治。罗洛倾向于用重典，对轻微的违法行为也会施
以严厉的惩罚。他还对法兰克法典进行修订，使其更为严格。罗洛时期的
法律强调个人责任，以及人们有义务进行高尚的活动。

927年，罗洛退位，不久后去世。他把诺曼底留给了儿子"长剑"威
廉。威廉的儿子——诺曼底的理查一世——是第一个使用公爵头衔的人。

## 长子继承制

对任何王国来说，统治者去世或卸任后，权力的平稳过渡都很重要。在部落社会，就有从几位候选人中选出新国王的传统；或者在现任国王的晚年为继承人加冕，二主共治。这种制度优势明显，它可以让王子在有经验的君主的监护下学习如何治理国家。在盎格鲁-撒克逊时期的英格兰，准国王拥有一个地区的统治权是很平常的事，这可以让他为将来统治一个国家做好准备。

在黑暗时代，许多国家并没有正式的继承制度。现知最早的一套制度是居住在莱茵河附近的萨利安法兰克人[1]的长子继承制。他们规定，王位由统治者的长子继承。如果统治者没有儿子，则选择最近的男性亲属——女性即使关系更近也被忽略。如果现任统治者没有后代，就追溯前几代人，找到其家族的次子分支，然后由这一支族人继承王位。只有实在找不到合适的男性候选人的时候，才会考虑女性统治者。

在中世纪，长子继承制或者说萨利安的长子继承制，变得十分普遍。不过，这种严格的继承制度有时候会被打破，或者某位候选人在必要时会让贤。

上图：国王在位时为继承人加冕，二主共治。就像查理曼与他的儿子"虔诚者"路易。这样可以消除人们对继承者的疑虑，还能让未来的国王系统学习统治事务。

---

[1] 萨利安法兰克人建立了萨利安王朝（1024—1125年），他们有一套稳定的行政管理体制。——译者注

他统治期间，领地是按照封建制度组织起来的，这套机构此后一直沿用。他的女儿诺曼底的爱玛，嫁给了英格兰国王埃塞尔雷德二世，在他死后，又嫁给克努特。爱玛的儿子爱德华最终继承了克努特的王位，成为英格兰历史上最后一位盎格鲁–撒克逊国王。

诺曼底的理查一世死于996年，他年轻的儿子理查二世继位。此时，诺曼底已经深深卷入了法兰克和欧洲的政治风云之中。诺曼底与法兰克的卡佩王朝关系良好，并协助法兰克国王取得了勃艮第公爵领地的控制权。理查二世还为被废黜的英格兰国王埃塞尔雷德和他的儿子们提供庇护。

1026年，理查二世的儿子理查三世继承了王位，他的哥哥罗伯特发动叛乱，理查三世被迫镇

下图：诺曼底的威廉一世通常被称为"长剑"威廉，他通过对外征服以及迫使法兰克国王路易四世让步来扩展领地。他与于格大帝联合起来反对法兰克王权，冲突最后以谈判的方式解决，威廉保留了自己的领地。

压。叛乱结束后不久，理查三世就去世了，他把领
地传给了罗伯特。此时，诺曼底正被内部问题困
扰，其中一些问题是理查和罗伯特冲突时遗留下来
的。另一边，诺曼底的冒险家们正在意大利开拓领
地。这是如何开始的说法不一，似乎是诺曼战士在
进出"圣地"的途中卷入了意大利政治。十字军东
征要在很多年以后才发生，但此时的贵族们非常乐
意到耶路撒冷和其他"圣地"朝圣。他们有的是为
了赢得教会的青睐，有的是出于真正的虔诚。

右图：有时人们将诺曼
底的罗伯特公爵称为"伟
大的公爵"。但他被指
控毒杀了兄弟才获得公
爵头衔，这也使得他有
了"魔鬼罗伯特"的
绰号。

诺曼人对意大利事务的参与度逐渐增加，最终建立了一个西西里的诺曼王国，并在意大利南部有了很大的势力。1035年，诺曼底的罗伯特一世去世。此时的意大利充满机会，是冒险家的乐园。然而，罗伯特的继任者威廉却在家门口遇到了麻烦。他是私生子，人们对他是否有继承权存在争议，他被迫通过一系列军事行动来巩固自己的权力。直到1047年，威廉的诺曼底公爵爵位才得以安稳。

上图：中世纪早期，统治者宣称他们登上王位是出自神的谕示。此处展示了耶稣基督亲自为诺曼底的罗杰二世加冕的情景。

## 英格兰的继承危机

英格兰国王"忏悔者"爱德华没有子嗣。一种说法是他非常虔诚，曾发誓要保持独身，但这一点存疑。尽管如此，他还要用其他的方式来解决继承权问题。诺曼底的威廉是一个很好的候选人，他和爱德华是亲戚，他的公国在埃塞尔雷德被废黜后为其提供了庇护。威廉声称爱德华在1051年任命他为继承人，但是其他人质疑这一说法。爱德华的岳父威塞克斯伯爵戈德温权势很大，尽管在1051年被爱德华流放，他还是返回了威塞克斯并要求官复原职。他的女儿伊迪丝（Edith）和爱德华并没有诞下人们所期望的王室继承人，戈德温便野心勃勃地想让他的儿子哈罗德·戈文森登上英格兰王位。

第三个竞争者托斯蒂格是戈德温的小儿子，哈罗德的死敌。托斯蒂格和他的父亲一起被流放，后来和他一起回来，成为诺森布里亚伯爵。他为政苛厉，引发了叛乱，致使他在1065年出逃。托斯蒂格先在诺曼底的威廉处避难，后来又投靠了挪威的哈拉尔德·哈德拉达。他们共同策划了一场对英格兰的入侵，企图让托斯蒂格登上英格兰王位。

"忏悔者"爱德华死于1066年。他可能偏向于让诺曼底公爵威廉做继承人。他对威廉很有好感，还喜欢在宫廷中任用诺曼人，这惹恼了许多英国贵族。不管爱德华的愿望是什么，1066年1月6日，哈罗德·戈文森最终成为英格兰国王。

下图："忏悔者"爱德华死后，哈罗德·戈文森以近乎不得体的方式草率加冕，成为英格兰国王。一些人认为哈罗德篡夺了王位，而不是出于爱德华的意志继承王位。他在爱德华死后隔天举行加冕礼就是证据。

哈罗德意识到他的统治很不稳固，对于即将到来的危机，他做了力所能及的准备。威廉公爵最早可能在5月入侵，所以哈罗德在英格兰南部集结军队，自己则做好了出逃的准备。与此同时，托斯蒂格和哈拉尔德·哈德拉达开始袭击东部海岸，并于9月在诺森布里亚登陆。他们打败了当地的军队，占领约克，开始建立自己的势力。

对哈罗德·戈文森来说，时间是个大问题。他的大部分战士只能离开农场几个星期或几个月。一个统治者可能关心人民的福祉，也可能不关心，但若是让一支军队在战场上待太久，则会破坏收成甚至引发叛乱。南方的守军因为缺乏补给而被迫撤退，这使得威廉有机会入侵英格兰。对哈罗德来说，唯一可行的策略就是狠狠地打击托斯蒂格，然后对付威廉。

计划的第一部分进展顺利。在约克的斯坦福桥，哈罗德的军队向入侵者发起进攻并大获全胜，哈拉尔德·哈德拉达和托斯蒂格都被杀死。他们的残军乘船离开，于是哈罗德抽身向南进军，对抗威廉的军队。1066年9月28日，诺曼底的威廉登陆英格兰，此时距哈罗德的胜利仅过去3天。威廉是一个谨慎而务实的统治者和指挥官，如果他的行动威胁到自己的地位，那他就会撤退。他小心翼翼地行军，步步为营，并且保证补给充足。10月14日，他遭遇了哈罗德的军队。

9月份，威廉击败了一支军队，哈罗德的军队在很多方面与这支军队相似。一群拿着长柄斧和大盾牌的职业战士组成核心部队，人数更多但缺少盔甲的长矛兵组成的主体力量为他们提供支持。战斗时他们用盾牌组成一堵墙，这是一支强大的步兵，但缺乏机动性和远程攻击能力。在很大程度上，这是一支属于旧时代的军队。

而另一方面，威廉的军队有步兵、弓箭手和骑兵，能够进行联合作战。尽管如此，威廉对哈罗德防线的首次进攻收效甚微。由于盾墙的良好保护，弓箭几乎没有给战士造成伤亡，而弓箭的供应很快就跟不上了。之前，威廉的对手大部分都有自己的弓箭手，他们会从地面上收集弓箭射下图：哈罗德·戈文森战胜了由哈拉尔德·哈德拉达率领的北欧入侵者。这是一次重大的胜利，但它的光芒被几周后黑斯廷斯之战的失败掩盖了。

回，这样箭就在战场上空来回交替。于是，英格兰人缺乏弓箭手反倒成了一种优势，这样威廉的军队就无法收回他们的箭。这一天的大部分时间里，英格兰人的盾牌都挡住了步兵和骑兵的进攻，但防线最终从内部崩溃。据说，威廉的骑兵假装撤退，把英格兰人从防御阵地上引出来。英格兰人的防御阵

形一旦打开，威廉一方就发起了新的冲锋，并且冲破了防线。不过，这很可能并非威廉的计谋。佯装撤退，待对方追击再集结军队反击是很难做到的。更有可能的是，骑兵的进攻被打退了，这个时候非常混乱，骑兵撤退是真实的——至少威廉反击之前是这样。

此外，英格兰军队中的一些人确实破坏了阵形。这个问题被粗暴地解决了，其余人继续战斗，直到哈罗德被杀。他的死亡是有争议的——贝叶挂毯对这件事的描述非常模糊，他是被剑杀死还是被箭射中眼睛而死，或者二者都有，都不重要。重要的是哈罗德确实被杀死了。在一个由首领魅力主导的时代，这样的打击可能导致军队崩溃。事实上，当天早些时候，威廉被杀的传言也让诺曼军队士气大跌。国王已死，英格兰人失去了信心，开始撤退。威廉的军队乘胜追击。尽管英格兰的后卫部队似乎表现出色，但是依然有许多人死在逃亡途中。

> 诺曼人将面临叛乱和来自地方的抵抗，但最终他们会成为英格兰的主人。

下图：贝叶挂毯上写着"哈罗德国王被杀"。但我们不知道图中哪个人是哈罗德，是被箭射中眼睛的人，还是被剑刺死的人，或者这两种伤势他身上都有。

哈罗德的军队被击败后，威廉很顺利地征服了英格兰。诺曼人将面临叛乱和来自地方的抵抗，但最终他们会成为英格兰的主人。征服英格兰的军队是按照新时代的模式打造的，主力是装甲骑兵，其他兵种提供支援。这将是未来几百年的军队组织形式。

诺曼征服标志着一个旧时代结束了，一种新秩序将在整个欧洲出现。这是城堡建筑和严格的封建制度的时代，也是大教堂和皇室的时代。黑暗时代的武士国王让位给更狡猾的统治者，新时代统治者

## 贝叶挂毯

我们对诺曼征服的了解大多来自贝叶挂毯，这幅毯子画面信息丰富又神秘。我们不知道被杀死的哈罗德国王究竟是画中的哪个人物，可能这两个都是，可能是其中一个，也可能都不是。因此，虽然哈罗德被箭射中眼睛而死的说法流传甚广，但真相如何就不得而知了。黑暗时代一向缺乏准确的文献记录，因此想知道发生了什么、发生在谁身上、何时发生，都是非常困难的。

下图：贝叶挂毯记录了一千年前发生的事件，尽管图中的一些信息很难理解。

的权力主要体现在支持艺术发展和组建军事力量方面。

### 黑暗时代的遗产

所谓黑暗时代，是从罗马帝国崩溃到一个新的封建欧洲出现之间的时期。从最严格的意义上说，这个词是恰当的——这一时期几乎没有留下文字记录，仅有一些零散的信息，但这绝不是一个暴力和肆意破坏的时代。这个时代当然存在冲突——其中一些甚至对整个地区造成了严重的破坏，但这也是一个成长和发展的时期。

> 虽然我们掌握的细节少得可怜，但我们知道，这是一个探索和发现的时代，而不是一个毁灭的时代。

在黑暗时代，欧洲人发现了冰岛、格陵兰岛，并横跨大西洋，踏足一个遥远的大洲，尽管时间短暂。两个伟大的宗教——基督教和伊斯兰教，其教义和宗教格局已经具备了现代宗教的雏形，信徒分布地域也大致确定。这一时期还建造了一些伟大的工程，比如大教堂，以及今天仍然存在的道路网。

黑暗时代结束时，欧洲已经从部落社会进入封建社会。王国建立了完整的行政体系，而且会通过签订正式条约的方式解决国际事务。在这些一千多年前出现的新王国中，现代的法国、丹麦、瑞典和英国等国家得以肇始。虽然我们掌握的细节少得可

下图：一幅14世纪的微缩画，画中是一位国王和他的骑士。自罗马帝国覆灭以来，社会形态发生了重大变化，但中世纪的统治者仍然身兼政治家和战士两种身份。

怜，但我们知道，这是一个探索和发现的时代，而不是一个毁灭的时代。它开始于混乱，但结束于新的秩序，它见证了古代社会的逝去和封建社会的开始。

之后，再也没有外部势力成功侵入不列颠；天主教会一直处在教皇的领导之下；在接下来的一千年里，法国成为欧洲事务中的强国……黑暗时代意义重大，这一时期建立的欧洲格局和政治制度一直延续到今天——现代世界发端于此。

# 参考文献

1. Anonymous, *The Anglo-Saxon Chronicle*, Echo Library.

2. Brooke, Christopher, *The Saxon and Norman Kings*, Wiley-Blackwell, 2001.

3. Brown, Peter RL., *The World of Late Antiquity*, WW Norton & Company, 1989.

4. Brown, Peter RL., *The Rise of Western Christendom: Triumph & Diversity 200-1000*, Wiley-Blackwell, 2013.

5. Cantor, Norman F., *The Civilization of the Middle Ages*, Harper Perennial, 1994.

6. Gibbon, Edward, *The History of the Decline and Fall of the Roman Empire*, Everyman's Library, 2000.

7. Halsall, Guy, *Barbarian Migrations and the Roman West*, Cambridge University Press, 2008.

8. Kelly, Christopher, *The End of Empire: Attila the Hun and the Fall of Rome*, WW Norton & Company, 2010.

9. Oman, Charles, *The Dark Ages 476-918 AD*, Independently published, 2017.

10. Wood, Ian N., *The Merovingian Kingdoms*, Routledge, 1993.

11. Wood, Michael, *In Search of the Dark Ages*, BBC Books, 2006.

12. Stenton, F.M., *Anglo-Saxon England*, Oxford University Press, 2001.

# 图片来源

**AKG Images**（专业图片网站，括号内标示的是照片摄影作者）：16 & 17（Peter Connolly）

**Alamy**（专业图片网站，括号内标示的是网站版块或照片所有者）：13 (Granger Historical Picture Archive), 14 (Interfoto), 20 (Ancient Art & Architecture), 24 (Interfoto), 26-27 (Science History Images), 28 (Chronicle), 30(Bildagentur-online), 32 (Pictorial Press), 36 (Classic Image), 39 (Interfoto), 40 (Falkensteinfoto), 42 (James Nesterwitz), 44 (North Wind Picture Archives), 45 (Classic Image), 46 (Artokoloro Quint Lox), 47 (Classic Image), 49(Oldtime), 50 & 51 (Chronicle), 52 & 54(The Picture Art Collection), 57(Yolanda Perera Sanchez), 58 (Artefact), 62 (Iunstream), 64 (Prisma Archivo), 66 (Austrian National Library/Interfoto), 68 (Lanmas), 70 (World History Archive), 73 Lanmas, 74 (Picture Art Collection), 76 (Interfoto), 78 (Chronicle), 82 (Artokoloro), 85 (Picture Art Collection),87 (Lanmas), 89 (Classic Image), 91 (Lebrecht Music & Arts), 96 (GL Archive), 99 (De Luan), 100 (Classic Image), 105 (Chronicle), 107(Chronicle), 114 左边 (Timewatch Images), 115 (Classic Images), 116(Florilegius), 118 (Ian Dagnall), 119 (19thera), 122(Chronicle), 126 (N J Murray), 127 (Sonia Halliday Photo Library), 129 (World History Archive), 130(bilwissedition Ltd & Co. KG), 136 (Chronicle), 137 (Incamerastock), 139 (Historical Images Archive), 140 (Chris Hellier), 144 (Chronicle), 145 (Granger Historical Picture Archive), 146 (Niday PictureLibrary), 147(Ian Dagnall), 149 (Godong), 151 (Chronicle), 152 (Granger Historical Picture Archive), 153 (Yolanda Perera Sanchez), 155 (DV Travel), 158 (Chronicle), 160 (Michael Sayles), 161 (Chronicle), 162 (imageBROKER), 164(Prisma Archivo), 165 (De Luan), 166 (Barry Vincent), 168 (age footstock), 169 (Joris Van Ostaeyen), 175(Granger Historical Picture Archive), 180 (Lars S. Madsen), 181 (Interfoto), 183&184-185 (Prisma Archivo), 186 (Chris Hellier), 188 (Artokoloro Quint Lox Limited), 189 (Minden Pictures), 190 (Falkensteinfoto), 191 (National Geographic Image Collection),

201 (Charles Walker Collection), 203 (AF Fotografie), 204(Niels Quist), 208 (Mark A Schneider/Dembinsky Photo Associates), 210 (Interfoto), 213 (National Geographic Image Collection), 215 (parkerphotography), 218 (Prisma Archivo), 222 & 223 (Falkensteinfoto), 227 (Photo 12), 230 (Nigel Reed QEDimages), 231 (Interfoto), 234 (Historical Images Archive), 235 (World History Archive), 239 (Glenn Harper), 240(Yolanda Perera Sanchez), 241 (imageBROKER), 242 (Timewatch Images), 244 (Chronicle), 246 (GL Archive), 247 (Yagil Henkin), 248 (Universal Images Group North America LLC)

**Alamy/Heritage Image**（Alamy图片网站的历史图片版块）Partnership：2, 19, 65, 67, 90, 101, 172,173, 178, 182, 187, 195, 196, 198, 211, 217, 233, 238

**Amber Books/Art Tech**（琥珀出版社）：225

**Bridgeman Images**（布里奇曼艺术图像图书馆，括号内为画作收藏方）：4 (Look & Learn), 6 (DeAgostini/Museo della Civilta Romana), 7 (Look & Learn), 8 (Musee d'Orsay), 10 (Severino Baraldi), 12 (Bridgeman), 33 & 35 (Biblioteca Estense), 56 (Look & Learn), 80 (DeAgostini /Icas94),

94, 98, 104, 110 & 112 (Look & Learn), 113 (The Stapleton Collection), 133 (Look & Learn), 134 (The Stapleton Collection), 171 (Biblioteque Nationale, Paris, France), 192 (The Stapleton Collection), 197 (Biblioteque des Arts Decoratifs, Paris/France/Archives Charmet), 205 (De Agostini Picture Library), 209(Bridgeman), 220 (Bridgeman), 228 (De Agostini Picture Library), 229 (Look & Learn), 236 (Biblioteca Nazionale Marciana, Venice, Italy)

**Dreamstime**（美国摄影机构，括号内为摄影作者或提供方）：15 (Veniamin Krasov), 23 (Oleg Bannikov), 84 (Edoma), 132 (Timawe), 148 (Giedrius Blagnys), 157 (Daniel M. Cisilino), 159 (Gunold), 176 (Toni Genes), 214 (James Kirkikis)

**Getty Images**（Getty图片网站，括号内表示图片收藏方）：92 (PHAS), 103 (Heritage Images), 114右 (Hulton Archive), 125 (Bettmann), 142 (PHAS), 200 & 206 (Werner Forman), 207 G?rald MorandGrahame)

**Photos.com**（图片网站）：61

**Shutterstock**（图片网站，括号内标示的是照片摄影作者）：106 (Gail Johnson)